■ 黄守宏 / 主编
HUANG SHOUHONG

2019 中国经济社会发展
形势与对策

加快发展社会事业
更好保障和改善民生

中国言实出版社

图书在版编目（CIP）数据

2019中国经济社会发展形势与对策．加快发展社会事业 更好保障和改善民生／黄守宏主编．-- 北京：中国言实出版社，2019.11

ISBN 978-7-5171-3262-2

Ⅰ．①2… Ⅱ．①黄… Ⅲ．①中国经济—经济发展—调查研究—2019②社会发展—调查研究—中国—2019Ⅳ．①F124②D668

中国版本图书馆CIP数据核字（2019）第246003号

出 版 人 王昕朋
总 监 制 朱艳华
责任编辑 崔文婷
责任校对 代青霞
出版统筹 史会美
责任印制 佟贵兆
封面设计 刘 云

出版发行 中国言实出版社

地　址：北京市朝阳区北苑路180号加利大厦5号楼105室
邮　编：100101
编辑部：北京市海淀区北太平庄路甲1号
邮　编：100088
电　话：64924853（总编室） 64924716（发行部）
网　址：www.zgyscbs.cn
E-mail：zgyscbs@263.net

经　销 新华书店
印　刷 北京中科印刷有限公司
版　次 2020年1月第1版 2020年1月第1次印刷
规　格 710毫米×1000毫米 1/16 10印张
字　数 115千字
定　价 40.00元 ISBN 978-7-5171-3262-2

本书编委会

CONTENTS | 目录

三、保障基本医疗卫生服务

四、提升养老服务质量

五、统筹解决其他民生难题

学习习近平总书记
关于调查研究重要论述的几点体会

（代序）

黄 守 宏

重视调查研究是我们党的优良传统和政治本色，是革命、建设、改革取得胜利的重要法宝，也是各级干部做好各项工作的基本功。在调查研究方面，习近平总书记不仅是身体力行的实干家，更是善于总结、与时俱进的理论家。长期以来特别是党的十八大以来，习近平总书记身体力行、亲力亲为深入进行调查研究，为全党作出了表率，同时就调查研究作出了一系列重要论述，形成了科学系统的调查研究思想。习近平总书记关于调查研究重要论述，运用辩证唯物主义和历史唯物主义世界观和方法论，着眼世情、国情、党情的新变化，创造性地提出了一系列新思想新观点新论断，富于时代性、规律性和创新性，是马克思主义关于调查研究思想的丰富和发展，是习近平新时代中国特色社会主义思想的重要组成部分，是指引我们做好新时代调查研究的强大思想武器和行动指南。下面，我就学习领会习近平总书记关于调查研究重要论述，谈几点初步体会。

一、调查研究的重要性：谋事之基、成事之道

作为认识和了解社会的重要手段和方法，调查研究历来受到人们的重视。我国传统思想文化特别是传统哲学具有重经验、重现实的实用理性思维特征，历代思想家、政治家有不少调查研究的宝贵经验和深刻感悟。孔子周游列国、虚心好问，“入太庙，每事问”。墨子强调“得下之情则治，不得下之情则乱”“一目之视也，不若二目之视也；一耳之听也，不若二耳之听也”。王安石则“农夫女工无所不问”。管仲在《管子·问》中提出了国情调查要点,包括数量和质量的指标。孙武在《孙子》中主张调查“五事”，研究“七计”，从而做到“知彼知己，百战不殆”。商鞅提出“强国知十三数”思想，对全国的粮食、人口、官兵等数量进行调查，其中特别强调人口调查，他对西周时期的人口调查登记制度予以改进并在秦国实行。唐代刘晏为及时掌握各地商情动态，推动朝廷在各道设置巡院官，安排专人报告商情。明代张居正为解决当时国家的财政危机，上奏疏对财政收支

状况进行调查分析，根据“量入为出”原则实现财政平衡。

调查研究是马克思主义形成、发展的实践基础和根本路径，是马克思主义者认识世界的根本方法。马克思、恩格斯、列宁等为了适应无产阶级革命斗争的需要，亲自深入工人之中，掌握了大量的第一手资料，为他们的理论研究奠定了基础，从而使他们的理论成为工人阶级斗争的武器。为写作《资本论》，马克思研究过1500多部书籍和档案文件，并深入到工厂、农村进行考察，对资本主义国家的经济状况进行广泛的调查研究。“研究必须充分地占有材料，分析它的各种发展形式，探寻这些形式的内在联系。只有这项工作完成以后，现实的运动才能适当地叙述出来”，这是马克思、恩格斯对理论研究方法的概括。

我们党在长期革命、建设和改革开放实践中形成了调查研究的优良传统。一部中国共产党的历史，就是党在调查研究的基础上，把马克思主义基本原理同中国具体实际相结合，不断推进理论创新和实践创新的历史。党的领袖在调查研究方面为我们树立了光辉典范。毛泽东同志是我们党调查研究的开创者和开拓者，提出了“没有调查，就没有发言权”“调查就像‘十月怀胎’，解决问题就像‘一朝分娩’”等著名论断，其调查研究思想为毛泽东思想的形成和发展奠定了坚实的实践基础。邓小平同志强调“我们办事情，做工作，必须深入调查研究，联系本单位的实际解决问题”，他在作决策之前，都要问问数字、算算细账。江泽民同志提出了“没有调查就没有决策权”的重要论断。胡锦涛同志要求各级领导干部要坚持开展系统的调查研究，了解真实情况，掌握工作主动权。习近平总书记把调查研究置于党和国家发展全局的战略高度予以看待，强调“调查研究不仅是一种工作方法，而且是关系党和人民事业得失成败的大问题”，“调查研究是谋事之基、成事之道”。在党的十九届一中全会上，习近平总书记指出，“正确的决策离不开调查研究，正确的贯彻落实同样也离不开调查研究”，并要求全党大兴调查研究之风。“正确的贯彻落实同样也离不开调查研究”，这与“没有调查就没有发言权”“没有调查就没有决策权”两个论断一道，逻辑紧密地联系为一个整体，使党的调查研究理论全面涵盖了发言权、决策权、落实权的全部链条。长期以来，习近平总书记坚持眼睛向下、脚步向下，深入开展调查研究，“当县委书记一定要跑遍所有的村，当地（市）委书记一定要跑遍所有的乡镇，当省委书记一定要跑遍所有的县市区”。《习近平谈治国理政》一书中记载：在正定，他跑遍了所有村；在宁德，他到任 3 个月就走遍了 9 个县，后来又跑遍了绝大部分乡镇；到任浙江后，他用一年多时间跑遍了全省 90 个县市区；在上海仅 7 个月，他就跑遍了全市 19 个区县；到中央工作后，他的足迹遍及 31 个省区市。党的十八大以来，习近平总书记深入社区、乡村、企业、学校、军队，察民情、访民意、问良策。习近平新时代中国特色社会主义思想，正是他在不断深入实际调查研究基础上形成的，源于实践又指导实践。

二、调查研究的根本原则：坚持实事求是

实事求是是党的思想路线的实质和核心。实事求是的“求”就是调查研究。调查研究的目的是揭示事物的真相及其内在的规律和联系，客观、真实是调查研究的生命。习近平总书记指出：“调查研究必须坚持实事求是的原则，树立求真务实的作风，具有追求真理、修正错误的勇气。”“调查研究一定要从客观实际出发，不能带着事先定的调子下去，而要坚持结论产生在调查研究之后，建立在科学论证的基础上。对调查了解到的真实情况和各种问题，要坚持有一是一、有二是二，既报喜又报忧，不唯书、不唯上、只唯实。”但“有些干部，不是不了解情况，也不是看不到问题，而是不愿正视现实，不敢讲真话，报喜不报忧。这些现象都是违背实事求是原则的。在调查研究中能不能、敢不敢实事求是，不只是认识水平问题，而且是党性问题。只有公而忘私，把党和人民利益放在第一位，才能真正做到实事求是”。党的十八

大以来，正是由于始终坚持实事求是原则，敢于直面问题，勇于攻坚克难，我们党才带领人民把中国特色社会主义事业不断推向前进。这启示我们，要坚决反对“四风”特别是形式主义、官僚主义，始终坚持实事求是，不断提高调查研究的实效。

三、调查研究的科学内涵或要旨：把握好“六个过程”

习近平同志2004年4月在富阳市调研时的讲话中提出了调查研究的“五个过程”，2011年11月在中共中央党校秋季学期第二批入学学员开学典礼上的讲话中又提出“调查研究的过程是领导干部提高认识能力、判断能力和工作能力的过程”。这“六个过程”简明而深刻地概括了调查研究的重大意义、科学内涵和基本要求，丰富和发展了马克思主义关于调查研究的理论。

调查研究是一个了解情况的过程。习近平总书记指出：“通过深入基层、深入实际、深入群众，我们可以了解群众在想什么、盼什么，最需要我们党委、政府干什么。从而，使我们的各项决策和工作部署，集中民智，体现民意，反映民情，做实一件事，赢得万人心，真正做到情为民所系，利为民所谋，权为民所用。”他强调，要多层次、多方位、多渠道调查了解情况，“真正搞清楚本地区本部门本单位的实际情况，真正搞清楚影响改革发展稳定的突出问题，真正及时了解人民群众的所思所盼”。

调查研究是一个联系群众、为民办事的过程。习近平同志在刚刚当选总书记后的十八届中央政治局常委与中外记者见面时指出，人民是历史的创造者，群众是真正的英雄，人民群众是我们力量的源泉，强调“要以人民群众利益为重、以人民群众期盼为念，真诚倾听群众呼声，真实反映群众愿望，真情关心群众疾苦”。他认为重视调查研究就是重视人民的主体地位、尊重人民意志、学习群众智慧，把调查研究提升到“坚持以人民为中心的工作导向”的高度来看待。调查研究也是实现决策权力和人民权利相统一、党性和人民性相统一的重要手段。习近平总书记指出，只有通过从群众中来、到群众中去的调查研究，“真正保持党同人民群众的密切联系”，才能“代表最广大人民的根本利益”，实现决策的民主化。在《之江新语》一书中，习近平总书记写道：“在对重大问题进行决策之前，一定要有眼睛向下的决心和甘当小学生的精神，迈开步子，走出院子，去车间码头，到田间地头，进行实地调研，同真正明了实情的各方面人士沟通讨论，通过‘交换、比较、反复’，取得真实可信、扎实有效的调研成果，从而得到正确的结论。”他强调，调查研究要“身入”更要“心到”，“真心实意地交朋友、拉家常，通过面对面交流，直接了解基层干部群众的所想、所急、所盼”。“既要听群众的顺耳话，也要听群众的逆耳言，这样才能听到实话、察到实情、收到实效”。只有通过这样从群众中来、到群众中去的调查研究，才能使各项决策和工作部署集中民智、体现民意、反映民情。

调查研究是一个推动工作的过程。习近平总书记指出，“一项决策作出后，光靠从会议到会议、从文件到文件，是不行的，也是解决不了问题的”，必须“政策实施后要跟踪反馈，发现问题及时调整完善”，“让改革发展稳定各项任务落下去，让惠及百姓的各项工作实起来，推动党中央大政方针和决策部署在基层落地生根”。他要求各级领导干部通过深入调查研究，对真实情况了然于胸，使工作有抓手、破题有办法。

调查研究是一个自我学习提高的过程。调查研究本身就是向群众学习、向实践学习的过程，是提高认识能力、判断能力和工作能力的过程，是加强党性锻炼、强化理想信念宗旨的过程。习近平总书记指出，经常调研“非常有益于促进领导干部正确认识客观世界、改造主观世界、转变工作作风、增进同人民群众的感情，有益于深切了解群众的需求、愿望和创造精神、实践经验”。

调查研究是一个科学决策的过程。调查研究是科学决策的前提和基础。多年前，习近平总书记在地方工作时就深刻指出：“调查研究的过程就是科学决策的过程，千万省略不得、马虎不得。”当前改革进入攻坚期和深水区，经济结构转型升级处于关键期，社会诉求多元、利益关系复杂，多种矛盾和问题交织叠加。只有通过深入调查研究，才能摸清具体情况，把准改革、发展、稳定脉搏，发现症结点、抓住结合点。正如习近平总书记所讲："情况搞清楚了，就要坚持从实际出发谋划事业和工作，使想出来的点子、举措、方案符合实际情况，不好高骛远，不脱离实际。"

调查研究的过程是领导干部提高认识能力、判断能力和工作能力的过程。领导工作，说到底是一个"决策—落实"的过程；领导者的职责，概括地说，就是作决策与抓落实。作决策需要调查研究，抓落实同样也需要调查研究。领导干部不论阅历多么丰富，不论从事哪一方面工作，都应始终坚持和不断加强调查研究。习近平总书记指出："现在的交通通信手段越来越发达，获取信息的渠道越来越多，但都不能代替领导干部亲力亲为的调查研究。因为直接与基层干部群众接触，面对面地了解情况和商讨问题，对领导干部在认识上和感受上所起的作用和间接听汇报、看材料是不同的。"他强调，"各级领导干部特别是高级干部要围绕经济社会发展重大问题加强学习和调研，提高把握和运用市场经济规律、自然规律、社会发展规律能力，提高科学决策、民主决策能力，增强全球思维、战略思维能力，做到厚积薄发"。而"通过深入实际调查研究，把大量和零碎的材料经过去粗取精、去伪存真、由此及彼、由表及里的思考、分析、综合，加以系统化、条理化，透过纷繁复杂的现象抓住事物的本质，找出它的内在规律，由感性认识上升为理性认识，在此基础上作出正确的决策，这本身就是领导干部分析和解决问题本领的重要反映，也是领导干部思想理论水平和工作水平的重要反映”。我国是个农业大国，有几千年的农耕文明史，虽然随着工业化、城镇化的深入推进，农业比重和农村人口比例不断下降，但农业农村农民问题始终是关系国计民生的根本性问题。习近平总书记指出，“不了解农村，不了解贫困地区，不了解农民尤其是贫困农民，就不会真正了解中国，就不能真正懂得中国，更不可能治理好中国”，他强调“各级领导干部一定要多到农村去，多到贫困地区去，了解真实情况，带着深厚感情做好扶贫开发工作”。

四、调查研究的基本要求：念好“深、实、细、准、效”五字诀

2003 年 2 月，习近平同志在浙江省委理论学习中心组学习会上的讲话中指出，“在调查研究工作中，一定要保持求真务实的作风，努力在求深、求实、求细、求准、求效上下功夫”。“深、实、细、准、效”，短短五个字蕴含了深刻的哲理和方法论意义。

“深”，就是“到基层调查，要一下到底，亲自摸情况，直接听反映，寻求‘源头活水’”。只有深入群众，深入基层，到田间地头去听民声、察民情、解民忧，才能得到第一手资料。“实”，就是作风要实，轻车简从，真正做到听实话、摸实情、办实事。“细”，就是要认真听取各方面意见，掌握全面情况。“准”，就是调查研究必须具有现实针对性和可行性，“要在调查的基础上进行深入细致的研究，进行一番交换、比较、反复的工作，把零散的认识系统化，把粗浅的认识深刻化，直至找到事物的本质规律，找到解决问题的正确办法”。“效”，就是“调研形成的建议必须兼顾需要和可能”，“提出解决问题的办法要切实可行，制定的政策措施要有较强操作性，做到出实招，见实效”。“衡量调查研究搞得好不好，不是看调查研究的规模有多大、时间有多长，也不是光看调研报告写得怎么样，关键要看调查研究的实效，看调研成果的运用，看能不能把问题解决好”。

调研务求“深、实、细、准、效”，这既是确保调查研究不流于形式、不浮于表面的客观要求，同时也是我们立足新时代、开拓新局面、开辟新境界的前提条件。坚持“深、实、细、准、效”的调研要求，就是要求我们从正在做和将要做的实际工作出发，把情况摸清楚，把群众所思所盼摸清楚，坚决摒弃“蜻蜓点水”式调研、“钦差”式调研、“被调研”、“嫌贫爱富”式调研，真正拜人民为师、向人民学习，真正把功夫下到察实情、出实招、办实事、求实效上。

五、调查研究的选题方向：做到“四个紧扣”

选题是调查研究的起点，选题方向是否正确、切入点是否恰当，往往决定调查研究的成败。要正确选题，必须增强问题意识、坚持问题导向。习近平总书记指出，“问题是时代的声音”，“我们中国共产党人干革命、搞建设、抓改革，从来都是为了解决中国的现实问题”。当今中国经济社会正在发生历史性变革，需要研究的问题很多，怎么才能选准调研方向和切入点？习近平总书记指出，“调查研究要紧扣人民群众生产生活，紧扣经济社会发展实际，紧扣全面从严治党面临的现实问题，紧扣贯彻落实党的十九大精神需要解决的问题”。这“四个紧扣”为我们指明了调查研究选题的基本方向。具体来说，应围绕以下几个方面来选题：群众反映强烈的问题，改革发展和现代化建设中的重点和难点问题，社会上关注的热点问题，领导同志近期比较关心的问题，各方面争议比较大的问题，带苗头性、倾向性和趋势性的问题，重大部署、重大政策出台前各方面的反映、实施中应注意的问题以及出台后的落实情况等。以上这些，一般都是党和政府关注的重点，从中选择和确定调研的具体题目，就比较容易引起决策层的重视并予以采纳，收到比较好的效果。

六、调查研究的思想方法：用好唯物辩证法

辩证思维贯穿于习近平总书记治国理政方略之中。他在十八届三中全会第二次全体会议上强调：“在推进改革中，要坚持正确的思想方法，坚持辩证法。”搞调查研究也应如此。当前国内外形势错综复杂，各种矛盾相互交织，新情况新问题层出不穷，调查研究需要强化辩证思维，善于辩证分析，避免陷入形而上学，防止孤立、静止、片面地看问题。

首先，要透过现象看本质。经济社会现象是复杂多变的，其表现形式是多种多样的，作为调研者不要为一时一地的表象所惑，要善于抓住本质真相，“找到事物的本质规律，找到解决问题的正确办法”。其次，要坚持一分为二地看问题。既要看到有利的一面，也要看到不利的一面，善于在“危”中看到“机”、在“困”中找到“路”、在“难”中找到“解”。第三，要善于抓主要矛盾和矛盾的主要方面。当前我国改革发展稳定面临的矛盾和问题很多，调研者要善于从林林总总的矛盾中找出主要矛盾和矛盾的主要方面，而不能“眉毛胡子一把抓”。

第四，要用联系的发展的眼光看问题。调研者应该具有开放的胸怀和宽广的眼界，在全面把握不同领域、区域、要素的普遍联系中把握问题的本质，在继承与创造的有机统一中提高调查研究的前瞻性。

还有一个至关重要的思想方法是坚持走群众路线。群众观点是马克思主义的一个基本观点，群众路线是党的生命线和根本工作路线。调查研究的目的是为了解决问题，说到底就是一切为了群众；调查研究的过程，概括起来就是从群众中来，到群众中去。“从群众中来”就是“将群众的意见（分散的无系统的意见）集中起来”；“到群众中去”就是将收集起来的各种意见建议，“经过研究，化为系统的意见”，制定出符合群众利益的路线、方针、政策，再回到群众中去，即把党的路线、方针、政策交给群众，使之转化为群众的行动。习近平总书记指出，“调查研究成果的质量如何，形成的意见正确与否，最终都要由人民群众的实践来检验”，并在群众行动中考验这些意见是否正确。问题产生在基层，解决问题的智慧和办法也在基层、在群众中。只有基层群众最了解实情、最知道应该怎么办。正如毛泽东同志所说：“凡是忧愁没有办法的时候，就去调查研究，一经调查研究，办法就出来了，问题就解决了。”他在《〈农村调查〉的序言和跋》中说，做调查研究“第一是眼睛向下，不要只是昂首望天。没有眼睛向下的兴趣和决心，是一辈子也不会真正懂得中国的事情的”。习近平总书记强调，“好的方针政策都应该来自人民、顺应人民的意愿、符合人民的所思所想”，“要拜人民为师、向人民学习，放下架子、扑下身子，接地气、通下情，深入开展调查研究，解剖麻雀，发现典型，真正把群众面临的问题发现出来，把群众的意见反映上来，把群众创造的经验总结出来”。

七、调查研究的工作方法：注重“三性”、新老结合

工作方法是否得当，直接关系到能否掌握实际情况。在这方面，习近平总书记教给我们一套行之有效的办法。习近平总书记指出，“我们党有着丰富的调查研究经验，在长期的实践中形成了许多行之有效的调查研究方法，如召开调查会、研讨会、走访调查、蹲点调查、典型调查、实地考察等，我们要在新时期加以继承和完善”。他强调：“要注重调查研究的广泛性，避免盲人摸象，以偏概全、以点代面，只见树木、不见森林；要注重调查研究的针对性，围绕中心、贴近实际，忙在点子上、谋到关键处；要注重调查研究的有效性，不仅要重调查，更要重分析研究，能够综合提炼、见微知著、管窥全豹。”

中国特色社会主义进入新时代，面临的国内外环境条件正在发生深刻变化，对调查研究工作提出了新要求。比如，我国互联网已渗透到经济社会发展的方方面面，网民数量大量增加。2016 年 4 月 19 日，在网络安全和信息化工作座谈会上，习近平总书记指出："网民来自老百姓，老百姓上了网，民意也就上了网。""对网上那些出于善意的批评，对互联网监督，不论是对党和政府工作提的还是对领导干部个人提的，不论是和风细雨的还是忠言逆耳的，我们不仅要欢迎，而且要认真研究和吸取。"要适应新形势新情况特别是当今社会信息网络化的特点，进一步拓展调研渠道、丰富调研手段、创新调研方式，学习、掌握和运用现代科学技术含量高的调研方法，如问卷调查、统计调查、抽样调查、专家调查、网络调查等，要根据调研任务和要求的不同，采用不同的调研方法，大胆创新，多管齐下，提高调研工作的效率和科学性。

八、对政策研究部门调研的特别要求：围绕中心、服务决策

作为各级党委和政府决策的参谋和助手，政策研究部门承担着调查研究的重要职责。要履行好这些职责，必须准确把握好定位。习近平总书记指出："一般的

调查研究，是为了了解基层的实情，增进同群众的感情，但政策研究部门要求要更高一点，不仅要重调查，更要重研究，我曾经说过‘关键是调查后要善于研究，抓点时要善于管窥全豹，跑面中要能够见微知著，综合提炼’。”他强调，要“贴近实际、贴近群众、贴近决策，忙在点子上，谋在关键处，做到有的放矢，事半功倍，富有成效”。“政策研究部门的同志就是要有抓住重点、找准典型的敏感性，发扬锲而不舍、刨根问底的钻研精神。同时，政策研究部门的调查研究，既不是纯粹的理论研究，也有别于具体的工作部署，而是一种理论与实践相结合的对策性应用研究，必须强调‘研以致用’。正所谓‘文可载道，以用为贵’。具体来说，调研的选题必须‘围绕中心工作’紧扣现实工作需要，出发点是为党委、政府工作提供所需的对策建议，落脚点是解决经济社会生活中的具体问题；调研的视野必须宽广开阔，既要预见潮流所在和大势所趋，又能看到‘风起于青萍之末’的苗头性、倾向性问题；调研的过程必须是去粗取精、去伪存真、由此及彼、由表及里的精心分析和研究的过程，要能够抓住事物的本质和症结所在，反映事物的全貌和特征，找到解决问题的有效办法和途径，切忌浮光掠影，主观臆断，孤立地、静止地、片面地观察事物、研究问题；调研形成的建议必须兼顾需要和可能，提出切实可行的具体措施。有些对策建议看似正确，却因难以实际操作，只能束之高阁”。

国务院研究室承担着综合性政策研究、决策咨询和《政府工作报告》等重要文稿起草任务，我们要认真学习领会习近平总书记关于调查研究重要论述特别是对政策研究部门提出的要求，紧紧围绕党和国家的中心工作，深入实际调查研究，全面正确履行好职责，以笔杆子报效党和人民。

（作者系国务院研究室党组书记、主任）

一、多管齐下稳定和扩大就业

加快推进失业保险转型
更好发挥促进就业作用

乔尚奎　王存宝

我国的失业保险制度建立 30 多年来，在保障失业人员基本生活、预防失业等方面发挥了积极作用。但随着经济社会发展和就业工作面临的新形势，特别是新就业形态的发展对改革完善失业保险制度提出了迫切要求。近期，我们围绕失业保险如何加快转型、更好促进就业进行了研究。

一、推进失业保险转型势在必行

1986 年失业保险制度建立时，主要是为了保障国有企业职工下岗待业期间的基本生活，促进其再就业。1999 年国务院颁布《失业保险条例》，将覆盖范围扩大到城镇所有企事业单位。2011 年施行的社会保险法又作了进一步完善。经过先后几轮的降费率、扩大基金支出范围、支持稳定岗位等政策措施，失业保险早已超出最初的功能设计，需要从制度上加以调整。特别是新就业形态的大量出现和实现更高质量更充分就业的目标，也需要失业保险提供更有力支撑。当前，失业保险制度运行中存在的主要问题是：

一是覆盖范围较窄，与日渐增多的参保需求不相适应。目前，失业保险覆盖1.9亿人，已超出“十三五”规划的失业保险参保人数目标。但在全国7.76亿就业人员和其中的4.25亿城镇就业人员中，失业保险覆盖率仅为25%和45%。在个体私营领域就业的3.4亿人中有大量灵活就业人员，由于失业保险是以单位为基础、以建立劳动关系为前提的险种，许多灵活就业人员并不在法定人群范围内，无法参加失业保险。特别是近年来新动能带动了一大批新就业形态，如2017年共享经济服务提供者人数约7000万人、平台企业员工716万人，到2020年提供服务者人数有望超过1亿人，其中全职参与者约2000万人。他们大多属于个体私营领域就业中的灵活就业或劳动关系不清晰难以界定等情形，许多人也无法参加失业保险。但他们就业不稳定、失业风险相对高、失业后生活保障和再就业都存在一定困难，恰恰是最需要保障的。

二是基金结存多，但用于促进就业等有效支出的途径较窄。截至目前，失业保险基金累计结余已超过5600亿元。这一方面是由于前些年基金征缴收入的快速增加带来的积累；另一方面是因为受规定限制，基金支出范围较窄，主要用于发放失业保险金、代缴社保费和发放职业培训、职业介绍补贴等，其中用于发放失业保险待遇的支出占比较高。近年来用于稳定岗位、提升技能的补贴和其他促就业的支出不断增多，但全国不够均衡，主要集中在纳入扩大支出试点范围的东部7省市，其他地区不少省份当期结余仍然过多，历史积累资金继续沉淀。基金大量结余而不能盘活用足，预防失业、促进就业的有效需求又没有支出途径，资金效益得不到充分释放，制度活力受到抑制。

三是偏重对失业人员的生活保障，对促进其再就业的有效激励不足。目前已累计有近1亿人次享受失业保险待遇，2017年为458万失业人员发放了失业保险金，年底仍约有220万人领取，占期末登记失业人数的23%。从数据看，领取失业保险金的人数相较于失业人数总量并不算多，同时失业保险金水平已从2011年的月人均614元提高至目前的月人均1219元，保障力度在不断加大。但由于申领失业保险金的条件缺乏刚性约束，失业人员领取待遇后即便不积极求职，经办机构也很难采取停发待遇等强制性措施。此外，培训、求职等补贴发放对再就业的激励机制也不够健全，不利于减少失业人员对失业保险金的依赖，督促其积极求职再就业。

从国际上看，许多国家失业保险已经转型或正在积极转型，旨在更好发挥促进就业作用。即使英国、瑞典等高福利国家，近年来也不再给失业者简单发钱，而是整合失业保险金等各类福利金、创新使用方式，更多用于为失业者提供培训，帮助提高技能，直至找到适合的工作。德国、加拿大、日本、韩国等国家，也都对失业保险制度作了大幅改良，从基本的生活保障转为更多支持就业服务、职业训练和预防失业等。我国是发展中的人口大国，实现充分就业的任务更为艰巨。当前和今后一个时期，我国每年都有1500万人左右需在城镇就业，2018年高校毕业生就有820万人，中职毕业生近500万人，还有上千万城镇登记失业人员，以及城镇就业困难人员等，就业的总量压力和结构矛盾都很突出。无论是保持当前就业稳定还是促进长期充分就业，都需要加大失业保险政策保障力度。

二、失业保险要从保生活、防失业更多向促进就业转变

推进失业保险转型，应当将促进就业作为制度的核心目标，把失业保险基金转变成提升劳动力技能和就业创业能力的有效投

入，推动失业保险与就业政策紧密配合，最大限度发挥其促进就业的功能。

一是以扩面参保促转型，逐步实现“就业有保险、失业有保障”。失业保险覆盖到更多的人群，才能更好发挥促进就业功能。应通过修订失业保险条例，对实践中已经纳入参保范围的有雇工的城镇个体工商户及其职工在条例中予以明确。同时，进一步降低参保条件，探索将虽未建立劳动关系，但实际取得工资性收入的劳动者纳入失业保险。可先从劳动力密集的服务业、新业态、小微企业等行业和企业做起，再扩展到符合条件的其他灵活就业人员。参保方式上，可借鉴灵活就业人员参加养老保险、医疗保险的做法，设定几个缴费档次，由个人选择缴费。也可以先沿用农民合同制工人一次性生活补助的做法，再转由个人缴费并享受失业保险待遇。在此基础上，逐步将符合条件的城镇就业人员全部纳入，使有失业风险的就业人群都能获得保障。

二是以优化支出结构促转型，更好发挥稳定岗位、提升技能的作用。应进一步扩大用于促进就业的基金支出范围和比例，增加向企业发放稳岗补贴，向职工发放技能提升补贴，支付再就业所需的就业培训、职业介绍、就业创业服务等方面的支出。合理均衡用于保障基本生活、预防失业、促进就业的支出比例，使各统筹地区促进就业的支出逐步提高。综合考虑失业人员再就业成效、企业稳定用工情况、劳动者技能水平等因素，对支出结构作动态调整。当前，应充分发挥结余基金稳定就业的作用，可允许结余较多地区将结余基金同就业补助类资金统筹使用，增加稳定岗位和就业服务支出，扩大受益面。

三是以强化基金激励作用促转型，避免养懒汉、养闲人。应通过完善机制激励缴费和积极再就业，更好提高基金绩效。在基金给付条件上，对申请领取失业保险金的失业人员，强制要求参加职业培训、职业介绍等再就业活动，或规定必须从事政府设置的公益性岗位、再就业项目等，避免失业人员领了保险却不积极找工作。同时对企业开展岗位培训，在岗职工获得职业资格、等级证书或专业技能表彰的，加大资金支持或奖励。在基金给付机制上，借鉴发达国家做法，由目前失业保险金主要与当地最低生活保障标准和最低工资标准挂钩的方式，探索调整为与参保人失业前的收入水平挂钩，更好体现个人的缴费贡献。同时尽量缩减基金支付时间，在给付期限内，越往后就相应减少支付的失业保险金，增加就业补贴支出。对提前就业而且比较稳定的，可按未领取失业保险金的一定比例给予一次性奖励，形成激励求职的导向。

四是以完善经办服务促转型，提升参加和获得失业保险的便捷性、吸引力。经办服务越便捷，劳动者就越愿意通过申领保险来保障生活、提升能力，对失业保险的获得感认同感就越强。应按照深化“放管服”改革的要求，大力简化失业人员申请领取失业保险金和求职、提升技能、创业服务等补贴的手续，取消参加保险和存在劳动关系等“自证”性材料，改由通过技术手段和经办机构自行核实，减少申领保险的程序性障碍。同时，加快统筹就业服务管理和失业保险经办，将失业登记、待遇发放、就业咨询、技能培训等职能有机整合，相关事项实行一窗受理、统一办理，更大便利群众，更好发挥失业保险促进就业创业的作用。

引导共享经济健康发展
促进更加充分就业

张凯竣

近年来，我国共享经济创新创业活跃，发展势头迅猛，既促进了新动能成长，也带动了就业增加，成为就业形势平稳向好的重要支撑。同时，共享经济下就业者流动性强、劳动关系模糊、社保不规范等也给相关管理提出了新课题，需要加强制度创新，完善配套政策，为切实保障劳动者权益、推动新就业形态健康发展营造良好环境。

一、共享经济成为拉动就业的重要途径

在共享利用、集约发展、灵活创新等理念推动下，借助互联网等现代信息技术，共享经济从本质上改变了传统就业模式，就业容量不断扩大，渠道更加多元，形式日益灵活，显示出巨大活力和潜力。

一是共享经济蓬勃发展，就业创造效应充分显现。国家信息中心数据显示，2017 年我国共享经济市场交易额约 4.9 万亿元，

比上年增长47.2%；共享经济服务提供者人数约7000万，增加1000万；共享经济平台企业员工数约716万，增加131万，占当年全国城镇新增就业总量的9.7%。预计未来几年共享经济仍将保持年均40%左右的高速增长，到2020年服务提供者人数有望超过1亿，其中全职参与者约2000万。共享经济企业在创造自身就业岗位的同时，也带动了上下游产业发展，拓展了新的就业空间。例如，共享单车带动的自行车生产就业约4.25万人、智能锁生产就业约1万人、运维保养就业约3.5万人。

二是就业更加公平包容，有效缓解结构性失业。共享经济大多集中在生活服务领域，拉动的就业分布广、门槛低、弹性高，网络化平台降低了工作对性别、年龄、学历、地域等要求，一定程度上减少了就业歧视，为就业困难群体创造了大量岗位，尤其是促进了转岗工人、退役军人等再就业。例如，某出行共享平台累计为去产能行业职工、复转军人分别提供393万和178万个工作机会，帮助133万失业人员和137万零就业家庭实现就业。某外卖平台活跃骑手人数超过50万，其中15.6万人曾经是煤炭、钢铁等传统产业工人，4.6万人来自贫困县。

三是就业方式灵活多样，人职匹配效率提高。共享经济催生了大量灵活就业机会，推动了“零工经济”等新就业形态的涌现。例如，某住宿共享平台目前拥有1000多位兼职管家、2000多位兼职摄影师，为房东提供房屋维护、摄影宣传等服务。对企业来说，可以降低用工成本，有效“共享”人才；对就业者来说，可以灵活安排时间，合理增加收入；对社会整体来说，人力资源供需实现精准对接，劳动力市场参与度和整体就业质量明显提升。

四是创业式就业热潮兴起，有力推动“双创”发展。一方面，共享经济极大降低了创业成本。例如，云计算平台节省了企业数据存储的设备投入，移动社交平台提供了低成本业务推广渠道，众筹等提供了便利化融资渠道。另一方面，平台化企业大量涌现，为创业者打造了天然的孵化空间。例如，某知识技能共享平台为会员提供办公设施、商标注册、财税管理等一系列孵化服务，帮助大量个人设计师成长为工作室乃至小微企业。

*五是拓展更多增收渠道，合理调节分配格局。*个人利用自己的知识、技能、资产等获得额外收入，改变了过去由企业主导的收入分配结构，分配机制更加公平高效。同时，平台模式减少了信息不对称，降低了交易成本，带动了劳动生产率提高和报酬同步增长，特别是帮助大量中低收入者改善了收入水平。一项针对某专车平台司机的调研显示，从事专车服务后 39.5% 的司机月收入提高 30% 以上，78.1% 的司机月收入提高 10% 以上。某货车运力共享平台帮助司机平均找货时间从 2.27 天降低为 0.38 天，承运次数由 9 次 / 月提升到 11 次 / 月，运输收入明显增加。

二、共享经济下新就业形态发展面临诸多新挑战

共享经济改变了企业传统雇佣方式和劳动力全职就业模式，在工作形式、报酬给付、管理规则上呈现出一系列新变化，现行法律制度与政策体系对此还存在较大不适应性，对“网约工”等新型就业群体的服务管理和权益保障亟待加强。

*就业者劳动权益保护不足。*多数平台与员工签订的是项目合同或劳务协议而非劳动合同，企业借此规避《劳动合同法》要求履行的相关义务，导致网约车司机发生事故后得不到理赔、外卖送餐员出现意外后自己承担医药费等事件时有发生，工资支付保障缺失、工作时间偏长等权益受损现象更是普遍存在。由于“网约工”群体处于弱势地位，缺乏与平台平等对话的权利，一旦发

生劳动争议纠纷，也无法得到有效法律救济，难以抵御可能出现的职业风险与意外伤害。

非标准劳动关系法律界定模糊。共享经济下平台企业与“网约工”之间的关系复杂多样，可能形成劳动、劳务、合作等多种类型，平台应该承担怎样的责任，很难简单直观判定。目前《劳动法》《劳动合同法》均没有对劳动关系作出明确定义，司法实践中多参考2005年颁布的《关于确立劳动关系有关事项的通知》，对自雇型、多雇主等新就业形态的适用性不足，导致劳动监察执法部门进行判定时缺乏权威依据。“网约工”的“身份困境”得不到破解，面对劳动纠纷往往只能“哑巴吃黄连”。

社会保障覆盖存在盲区。多数企业为了控制成本都不为“网约工”缴纳社保，所有风险由劳动者自己承担，保险也只能依靠个人缴纳。现有制度设计下，失业、工伤保险都以单位就业、劳动关系清晰为前提，而“网约工”以灵活就业形式存在，不具备参保的基本条件，自然被排除在外。养老、医疗保险虽然已将灵活就业人员纳入体系，但实践中由于收入不稳定、缴费标准高、连续缴纳年限要求长等原因，很多灵活就业者参保意愿不强，使自己游离于社保体系之外，潜在风险不容忽视。

监管服务模式有待改进。行业准入方面，监管限制仍然较多。例如，在各地出台的网约车管理实施办法中，大多都对司机户籍、年龄和车辆价位、轴距等设置要求，有些门槛过高，影响了从业人员和相关企业参与的积极性，限制了共享经济扩大就业的作用。就业服务方面，由于相关统计体系建设滞后，很多共享经济就业创业人员未纳入工商、人社部门统计，经营收入或劳动所得也未进入税务信息系统，导致相关优惠政策和公共服务无法享受。

三、几点建议

共享经济吸纳的就业人员规模庞大，在劳动分工中逐渐形成了新的群体甚至“阶层”，如果合法权益得不到有效保障，不仅制约共享经济持续健康发展，还可能引发新的矛盾。建议进一步完善管理制度，补齐监管短板，加强政策支持，更好发挥共享经济就业蓄水池和社会稳定器的作用。

（一）大力支持新产业新业态发展。推动互联网、大数据、人工智能与各行业深度融合，加快发展共享经济、平台经济等新经济形态，拓展产业发展新空间，培育新的就业增长点。广泛开展“互联网＋就业”，发挥现代信息技术在创造就业岗位、改善就业服务、加强技能培训等环节的促进作用，有效推动就业总量增加和结构优化，在经济转型升级中实现就业转型升级。

（二）创新监管思路。一方面，坚持鼓励创新、包容审慎原则，允许共享经济平台与“网约工”通过有效协商实现市场化选择，充分保障新业态下用工方式的多样性和灵活性。另一方面，明确和强化平台企业主体责任，要求企业与“网约工”签订规范合同，依法确立双方权利和义务。有关部门要加快研究平台型就业的规律特点，创新监管方式，加大监察力度，督促企业切实履行责任义务。同时，合理合法设定从业准入标准，让更多普通民众拥有参与共享经济的机会。

（三）完善法律政策。针对就业模式的新特点新变化，在法律上对劳动关系、劳动合同等概念与判断依据进行调整，明确不同就业形态的认定边界，在薪酬保障、劳动时间、休息休假方面提出具体标准，使“网约工”权益维护于法有据、有章可循。支持共享经济就业创业人员按规定享受相关扶持政策，将公共就业服务延伸到平台企业。加快研究制定共享经济就业创业人员统计办法，构建适应就业变化特点的就业预测和失业预警体系，健全跨地区的人才需求信息平台，为提供更加及时有效的就业创业服务奠定基础。

（四）扩大社保覆盖。完善社会保障制度体系，探索将灵活就业人员纳入失业、工伤保险保障范畴，根据不同领域收入特点合理确定缴费标准，强化平台企业保险缴费义务。完善“多缴多得”等激励机制，加大政策宣传力度，增强社会保险吸引力，引导灵活就业人员积极缴纳保费。提高社保网点覆盖率和机构服务水平，优化参保机制和经办流程，做好社会保险与就业失业登记、其他劳动保障政策的衔接配合，切实维护好新型就业群体各项劳动权益。

二、发展公平而有质量的教育

我国高校吸引社会捐赠的能力亟待提升

——高校社会捐赠情况调研报告之一

郑真江　林成华　蔡颖慧

社会捐赠是完善高等教育成本分担体制的有效途径，在推动高等教育高质量发展中具有重要作用。改革开放40年来，我国高等教育吸引社会捐赠的能力逐步提升，但社会捐赠占高等教育办学经费的比重长期徘徊在1%左右，远低于发达国家。我国高校筹集社会资金的能力不强、多元化筹资机制不健全的问题仍然十分突出。

一、高等教育社会捐赠事业发展的制度环境不断优化，但仍存在不少"落地难"的问题

近年来，我国慈善制度不断完善，有关部门也制定了面向高校的专门扶持政策。《慈善法》《公益事业捐赠法》及有关法律中的捐赠抵扣税条款等，为高校募捐活动提供了重要保障。《企

业所得税法》规定，企业公益性捐赠支出在年度利润总额12%以内的部分，准予在计算应纳所得额时扣除。新修订的《个人所得税法》规定，个人对教育、扶贫、济困等公益慈善事业的捐赠，未超过应纳税所得额30%的部分准予扣除。2009年，财政部、教育部下发《中央级普通高校捐赠收入财政配比资金管理暂行办法》，对中央部门所属高校捐赠收入实行配套奖励，这些制度在调动社会捐赠积极性、鼓励高校吸引社会资源方面发挥了重要作用。但也要看到，实际执行中仍存在不少亟待解决的问题：一是现金捐赠税前抵扣程序繁琐。根据《财政部 国家税务总局 民政部关于公益性捐赠税前扣除有关问题的通知》（财税〔2008〕160号），对接受捐赠的社会团体的登记时间、评估等级方面设定了严格的条件，且需要经过民政、财政、税务等部门的层层审批，税前扣除资格认定程序繁杂。一些高校特别是地方高校由于没有成立基金会或者成立时间短，无法通过捐赠税前扣除的资格认定，一些捐赠者因为办理税前抵扣时间长、程序多，甚至不得不放弃税收抵扣。二是实物捐赠税收抵扣操作困难。根据《增值税暂行条例实施细则》规定，企业“将自产、委托加工或者购进的货物无偿赠送给其他单位或个人”，这种行为“视同销售货物”。企业进行实物捐赠，仍需缴税，不少企业对“做善事也要上税”的规定表示不理解。现行制度中虽然规定了实物捐赠税前抵扣方法，但需要经过公益捐赠认证、资产评估、价格换算等程序，操作起来远比现金捐赠复杂得多，导致不少企业宁愿捐钱、不敢捐物。此外，股权捐赠、遗产捐赠等，也面临价值评估、税收优惠等法律问题。三是高校捐赠收入财政配套支持力度不够。目前财政部门对中央部门所属高校捐赠收入财政配比的总盘子是30亿元左右，规模不大且没有覆盖地方高校。近年来，浙江等经济发达省市纷纷出台地方高校捐赠收入配比政策，但不少欠发达地区因财力所限，尚缺乏类似配比支持政策。

二、社会捐赠热情日益高涨，但高校吸引捐赠的主动意识和能力水平亟待提升

改革开放以来，我国社会慈善事业快速发展，2014 年全社会慈善捐赠首次突破千亿元，2017 年达到近 1500 亿元。高等教育是社会捐赠的重要流向，也呈逐年上升趋势。中国校友会网发布的《2018 中国大学社会捐赠排行榜》显示，1980—2017 年期间全国高校累计接受国内外社会捐赠 773 亿元，89 所大学累计接收社会捐赠超亿元，10 所大学累计接收社会捐赠超过 20 亿元，最高的是清华大学和北京大学，分别为 95 亿元和 76 亿元。高等教育捐赠事业虽然取得显著成就，但相比发达国家高校仍存在很大差距。美国 800 多所高校基金会资产规模约为 4000 亿美元，最高的是哈佛大学和耶鲁大学，分别为 370 亿美元和 250 亿美元左右。现在我国高校“等靠要”“跑部钱进”思想观念还没有彻底扭转，对财政资金过度依赖，募捐意识比较淡薄，一些学校领导不愿意放下身段去参与募捐活动，对筹资机构和队伍、校友会建设等重视还不够。不少高校捐赠理念落后，缺乏对捐赠事业发展的长远谋划，筹资方式停留在“关系筹资”“人情筹资”“校庆筹资”层面，在日常的捐赠项目策划、筹资渠道开发、捐赠人关系维护、荣誉奖励机制等方面的制度创新不足，这些都制约了高校捐赠事业的发展。

三、高校普遍建立教育基金会，但专业化运营水平还有待提高

从 1994 年清华大学成立首家高校教育基金会以来，我国高校

基金会不断涌现。基金会中心网数据显示，截至 2018 年 8 月，全国共有 505 家高校教育基金会。经过 20 多年发展，高校教育基金会形成了行政主导、市场主导、海外拓展等多种发展模式，为高校面向社会筹资、吸引社会力量参与办学等作出了重要贡献。但也要看到，我国高校基金会专业队伍建设滞后，行政依附色彩过浓，基金会组织机构不健全，专职专业人员配备普遍不足，薪酬水平整体偏低，职业稳定性较差，筹资、运营和管理的能力较为薄弱，不少学校教育基金会被边缘化。很多高校基金会因资金规模小、专业投资团队弱，加上学校领导顾虑投资风险，重保值、轻增值，采取存入银行等单一方式获取收益。有研究分析 113 所“211”和“985”高校基金会的投资情况，2010—2013 年期间，这些基金会每年投资额分别占总资产的 22%、20%、28% 和 34%，投资收益率分别为 1.5%、1.6%、2.2% 和 3.8%。这与美国高校基金会 10% 左右的投资收益率相比，资产运作效率还不高，多元化投资机制不健全，“生钱”能力还不足。

四、我国慈善捐赠事业信息公开政策不断完善，但高校教育基金会的透明化水平仍不高

公开透明是基金会的基本义务，也是增强捐赠者信心的重要保障。我国《慈善法》《基金会管理条例》等对信息公开作出了明确规定。教育部发布的《高等学校信息公开事项清单》中，也将“受捐赠资产的使用和管理情况”列为重要内容。但由于现行规定对基金会年度工作报告的公开范围、内容明细等缺乏具体规定，一些高校基金会年度工作报告不完整、不详细、不及时，缺乏与公众的充分主动沟通，甚至个别基金会处于“失联状态”。2018 年中国基金会透明指数（FTI）显示，全国 505 个高校教育基

金会平均透明指数为42.6分（满分100分），仅28家在90分以上。一些高校的自我监督机制不完善，捐赠资金去向不明、随意挪用等现象时有发生，基金会公信力不高，严重制约高校捐赠事业的健康发展。

五、近年来社会慈善文化日益浓厚，但诈捐、骗捐、迫捐等现象严重侵蚀慈善文化根基

慈善文化是慈善事业的灵魂，是衡量社会文明的重要标志。改革开放40年来，随着人民群众生活水平的提高，公众慈善意识不断觉醒。但是近年来，一些捐赠者特别是名人攫取捐赠社会声誉后不履约，一些机构或个人骗捐敛财，还有个别单位通过“道德绑架”、规定最低限额等方式强制募捐，这些现象屡见报端，造成了恶劣的社会影响，导致公众和媒体对正常捐赠行为过度解读甚至负面揣测，客观上打击了捐赠者的积极性，一些富裕群体不想捐、不敢捐，甚至宁愿捐到国外。从高校的情况看，近些年来出现“捐赠文物被指赝品”“以冠名换募捐”等事件将一些高校推向风口浪尖，一些高校因为无法判定捐赠文物的真伪或捐赠实物的真实价值，在接受捐赠方面存在各种顾虑，甚至担心引火上身，一拒了之。还有一些高校存在功利主义倾向，“重大钱、轻小钱”，捐赠收入集中在富豪校友，对普通校友缺乏“长线投资”，普通校友的捐赠积极性没有充分调动起来。相比之下，美国知名大学的校友捐赠率平均在30%—40%，普林斯顿大学排第一，高达60%以上，也就是100个校友中就有超过60个捐资帮助母校发展。我国高校普遍缺乏校友捐赠率的官方统计，有关研究估算，国内高校的校友捐赠率平均在5%左右，校友感恩母校、反哺母校的文化氛围有待进一步营造。

提升我国高校吸引社会捐赠能力的几点建议

——高校社会捐赠情况调研报告之二

郑真江　林成华　蔡颖慧

针对当前高校吸引社会捐赠存在的主要问题，应加强顶层制度设计和引导，结合教育捐赠事业的特点和实际，研究制定支持和规范高校吸引社会捐赠的指导性政策。

一、明确社会捐赠和政府投入的功能定位

这是高等教育捐赠事业健康发展的重要前提。鼓励高校筹资并不是借此减少政府的责任。美国高校捐赠收入虽在全球遥遥领先，但政府并没有因此减少对高校的财政投入，不少州政府对高校社会捐赠进行财政配比，打消捐赠者存在的“社会为政府责任买单”的顾虑。英国政府发布的高等教育捐赠收入调研《托马斯报告》提出，捐赠收入与财政投入用途不同，捐赠资金注重帮助大学从优秀走向卓越，而财政投入注重维持学校的基本日常支出，

对捐赠收入与财政投入的不同功能定位也是西方高校和捐赠者的重要共识，值得我们借鉴。长期以来，受扶危济困的传统慈善思想影响，我国高校捐赠项目主要是困难学生资助、奖学金、基础硬件建设，与财政投入方向重合度高，而对师资队伍建设、拔尖人才培养、创业创新教育、基础科学研究、学科专业发展等帮助高校追求卓越的捐赠项目相对较少。要适应当前我国高校“双一流”建设的需求，传播现代公益理念，鼓励社会各界在帮助高校追求卓越、争创一流方面提供更有针对性的捐赠支持，提升公众对高等教育捐赠价值的认知，让更多富有使命感的潜在捐赠者积极参与高校捐赠事业发展。高校自身也要优化募捐项目设计，适当减少保基本的常规型募捐项目，大幅增加提升办学水平和质量的卓越型募捐项目，推动财政投入和社会捐赠在不同领域协同发挥作用，实现社会捐赠效益的最大化。从全国范围看，东南沿海地区捐赠活跃度和慷慨度远高于西部地区。要扩大中央财政捐赠配比政策的规模和覆盖范围，特别是加大对中西部高校的配比力度。要引导各地结合本地高等教育发展实际，制定地方高校捐赠配比政策，调动地方高校面向社会筹资的积极性，同时要完善财政配比政策的监管。

二、提升高校筹集社会捐赠的主动意识

多元化的经费来源渠道是高校增强自主办学能力、实现可持续发展的必要条件。世界不少知名大学排名榜都将社会捐赠作为重要指标。《美国新闻与世界报道》大学排名榜（USNWR 排名）中，“校友捐赠”是一级指标，权重占比 5%。德国高等教育发展中心大学排名榜 (CHE 排名)，将“第三方资金赞助情况”作为科研评价的重要指标。要加强对高校捐赠收入情况的统计、分析和

评价，探索完善财政配比、项目支持等综合激励措施，逐步引导高校增强筹资意识。从西方高校经验看，筹资是高校领导及相关筹资团队的责任，教师专注于教学和科研，一般没有筹资的义务。要将重视和积极推动筹资作为评价高校领导履职尽责的重要内容，推动高校在筹资机构建设、校友工作、基金管理创新等方面加大探索力度，不断健全多元化筹资机制。还要引导高校着眼长远发展，推动募捐活动从满足“当下之需”转向满足“未来之用”，为学校可持续发展不断积蓄财力基础。需要注意的是，筹资是一种发展途径而不是大学的使命，如果为了筹资而牺牲大学的核心价值或偏离大学的发展目标，那无异于本末倒置。在完善筹资评价的同时，要划清底线，严格禁止高校利用教育资源和学术资源去交换社会捐赠、毁损学校声誉，推动公益募捐与高校使命相互契合，使筹资文化与大学气质并行不悖。

三、完善教育捐赠的税收优惠政策

对慈善捐赠事业予以相应的税收减免，是世界各国通行做法，也是实践证明行之有效的慈善事业发展激励机制。要完善税收减免政策，进一步细化《慈善法》规定的捐赠支出超出税收抵扣比例的结转递延扣除政策，优化境外捐赠者捐赠实物的进口关税、进口环节增值税等的减免流程，完善实物捐赠、股权捐赠等非现金捐赠的价值评估及其税收优惠制度。要简化税收抵扣的申请和资格确认流程，缩短申请周期，降低捐赠者的非物质慈善成本。我国高校基金会保值增值形成的投资和经营性收益，还不在免税范围。而英国、德国、澳大利亚、日本等慈善法律制度都规定，慈善组织的财产投资及经营性收入用于慈善目的的全部免税。应借鉴国外慈善制度经验，完善高校基金会保值增值收入的免税认定及税收优惠政策。

四、加强高校社会筹资机构和能力建设

筹资需要专业化筹资队伍和运营机制，需要学校与学生、社会组织及企业和个人建立稳定的富有亲和力的沟通机制。筹资机构建设水平直接影响高校吸收社会捐赠能力。普林斯顿大学基金会、哈佛大学基金会专门负责筹资的人员分别高达 120 人和 200 人以上，不仅校长投入大量精力到筹资中，还设立了专门负责筹资的发展副校长，形成成熟完善的筹资团队。我国高校基金会中，做得比较好的，负责筹资的也仅 10 人左右，不少高校筹资人员为行政人员兼职，缺乏专业化的训练。要配齐配强高校基金会人员，完善工作人员任职标准和薪酬激励体系，落实我国《基金会管理条例》规定的“非营利法人”的要求，推动高校基金会建立具有教育特色的现代管理模式和法人治理结构。要加强基金理事会与校友会、学校发展委员会等关联机构的协同合作，加强校友资源建设和开发，不仅要重视富豪校友的大额捐赠，也要开发普通校友的大众捐赠。同时，不断创新筹资模式，探索建立以捐赠者为中心的筹资营销机制，增强捐赠服务的有效性和针对性，做好潜在捐赠资源的管理，找准捐赠者需求与学校发展需求的契合点，为各类捐赠者量身定制捐赠项目，建立高校和捐赠者之间的紧密文化生态圈和发展共同体。还要看到，捐赠收入与高校综合声誉紧密相关。研究显示，高校综合声誉提高 1%，捐赠收入将提高 0.96%，社会捐赠呈现向优质高校集中的“马太效应”。高校要不断提高办学质量，在人才培养、科研创新、社会服务等领域取得更多社会广泛认可的成就，这是提升筹资能力的“硬功夫”和深层次保障。

五、拓宽高校捐赠基金的增值保值渠道

2018年10月底，民政部刚刚通过了《慈善组织保值增值投资活动管理暂行办法》，明确规定购买资产管理产品、股权投资和委托投资等三类允许投资领域，同时规定了买卖股票、购买金融衍生品类产品、投资人身保险、向个人或企业借款等八类禁止投资领域。高校基金会应结合自身实际，在遵循国家有关法律政策规定的前提下，研究制定符合自身特点的投资活动管理制度。从目前的情况看，我国高校基金会的资本总量小且相对分散，一些小规模基金无力承担专业化投资管理成本，现阶段应建立基金会自主投资与委托投资相结合的管理模式，让专业的人干专业的事，分摊投资管理成本，这也是国外高校的重要经验。比如，美国80%的高校将捐赠基金委托给校外专业服务机构管理，个别基金规模庞大的高校建立校内基金投资管理公司，如哈佛大学成立哈佛管理公司，对捐赠基金实施专业化管理，即便这样，也不都依靠自身力量，而是采取内部投资经理人与校外投资经理人共同合作的模式。近20年内，哈佛基金的年平均增长率达到12.2%，比美国股票和债券的平均年回报率高出1.6和5.2个百分点。我们要鼓励高校基金会不断完善多元化投资机制，加强合作投资、委托专业机构投资的探索力度，完善基金投资风险管理和收益评价方式，确保高校捐赠基金的增值保值。

六、加强对高校接受社会捐赠的规范和监管

这是提升高校筹资公信力的基础工作。高校基金会受民政部门和高校的双重管理，一些高校简单套用高校二级机构的方式进行管理，还没有形成符合基金会特点的现代管理体制。要完善高

校基金会的信息公开、投资管理、使用监督等各领域的规范管理制度。大力加强高校基金会的透明化建设，将治理结构、筹资规模、投资收益、使用明细、重大事项等主要信息真实完整地向社会公众公布，接受社会监督。大力培育第三方评估机构，加强对高校基金会的评价，为学校和有关部门开展监管提供重要依据。捐赠者是对捐赠信息公开最敏感的群体，应加强对捐赠者的后续服务和信息反馈，帮助他们及时了解捐赠资金或实物的投向和使用效益，这既是监督捐赠经费使用的有效途径，也是提振捐赠者信心的重要方法。

校外培训乱象为何治理难？

——校外培训情况调研（上）

郑真江

近年来，面向中小学生的各类校外培训迅速兴起，社会资本竞相涌入。这在一定程度上满足了学生个性化多样化需求，但在培训市场火爆的背后，存在教学效果良莠不齐、加重学生课外负担、违背教育规律和青少年成长规律、冲击学校正常教育教学秩序的问题。2018 年《政府工作报告》提出，要着力解决中小学生课外负担重问题。年初，教育部等四部门出台《关于切实减轻中小学生课外负担开展校外培训机构专项治理行动的通知》，要求到 2019 年 6 月前完成从排查摸底、集中整改、专项督促和检查三个阶段的整顿任务。必须看到，校外培训专项治理涉及数以万计的培训机构和数以百万计的从业人员，涉及上亿参加培训学生的切身利益，极为艰巨复杂。加强清理整顿，必须有“打硬仗”的准备，清醒认识整顿中的痛点难点。

一是教育恐慌心理根治难。中国家庭历来重视子女教育，从古代的“孟母三迁”到现代的“择校热”，家长在焦虑中努力为孩子创造最好的条件。校外培训机构从诞生到发展，始终伴随着家长各种各样的焦虑情绪。校外培训一开始以“补差”为主，面向学习落后和偏科的学生，属于“小众补习”。但如今，培训机构打着“培优+补差”的旗号，与学校教育抢生源、抢时间，把“小众补习”做成“大众培训”，裹挟着家长和学生拼命奔跑，揭开了“集体恐慌的盖子”。北京不少幼儿园出现“大班流失”问题，很多大班孩子流向“学前班”等培训机构，提前学习小学课程，一些幼儿园不得不对剩下的孩子重新组建班级。面对这种状况，一些本不想让孩子“抢跑”的家长，也不愿意看到孩子“落单”，在“不上学前班，小学跟不上”的集体恐慌中加入了“报班大军”。2017 年中国教育财政家庭调查结果显示，我国中小学生校外教育总体参与率达 47.2%，其中城镇学生参与率是农村的两倍，一些大中城市参与率早已超过 50% 的临界点，甚至高达百分之七八十，这一局面加剧了家长的从众心理。同时，一些培训机构利用焦虑、夸大焦虑、制造焦虑，家长的“集体恐慌”情绪加速蔓延，彻底扭转这一势头需要付出巨大的努力。

二是隐形利益链条破除难。校外培训机构利用“市场+资本”的力量，形成巨大产业链条，利益错综复杂。培训机构与名校入学挂钩，一些“占坑班”根据挂钩学校的知名度和录取力度，分为“金坑”“银坑”“土坑”等不同等级。虽经过多年整治，但“明坑”变少、“暗坑”增多，报班有“暗语”，授课如“谍战”。主要原因是，在学校要掐尖、家长想择校、机构想赚钱的需求驱动下，家长、学校、机构形成了攻守同盟的隐形利益格局。再如，“禁补令”管得了学校和教师，但管不住家长，更管不了培训机构。一些家长反映，现在培训机构的营销十分精准，孩子哪门功课薄弱，就立刻有相应的培训机构打电话推销。可以说，校外培训机构在生存与利益的重压下，与家长、学校建立起了错综复杂的利益关系，一些培训机构甚至将“教师合伙人 + 经纪合伙人 + 家长合伙人”作为基本的运营模式，用利益的纽带将所有的相关方紧紧捆绑在一起。

三是培训机构散乱清理难。校外培训机构既有影响广泛的品牌培训机构，也有大量隐藏在居民区、写字楼等的教学点。目前各地校外培训机构还处在摸排阶段，尚无准确数字。从 2018 年 3 月西安教育部门公布的数据看，该市具有办学许可证的校外培训机构 661 所，初步摸排无办学许可证的 1777 所。根据深圳市一名政协委员的测算，深圳各类校外培训机构 2000 多家，但在教育部门登记的仅 461 家，无证办学机构数量是有证办学机构的 5 倍。根据教育部 2016 年的统计数据，全国教育部门登记备案的民办培训机构 1.95 万所，如果没有登记备案的培训机构按照 5 倍测算，民办培训机构规模至少在 10 万家以上。这仅仅是按照机构数量进行测算，还有大量口口相传、无名无号的教学点和“小作坊”，以及隐身于网络的在线培训机构。有人将校外培训市场形容为“小蚂蚁抢食大蛋糕”，培训机构量多类杂，一些机构规模小、流动性强，长期游走在“灰色地带”，这使摸排和清理的难度大大增加。

四是制度门槛过高规范难。教育部等四部门联合下发整治校外培训机构的通知要求：对未取得办学许可证，也未取得营业执照，但具备办理证照条件的校外机构，要指导其依法依规办理相关证照；对不符合办理证照条件的，要依法依规责令其停止办学并妥善处理。这有利于将校外培训机构纳入规范化轨道。但现实情况是，过高的制度门槛限制了很多培训机构办证办照。比如，2015 年颁布的《北京市民办非学历教育培训机构设置管理规定》中，注册登记的条件包括“注册资金不少于 50 万元”“校舍面积不低于500平米”“三分之一以上的董事或者理事应当具有5年以上的教育教学经验”“有2名以上具有专业资质的财务人员”等一系列硬条件，此外还有消防安全、师资配备等诸多前置条件，很多规模小、以特色化生存的培训机构望而生畏。还有一些地方对培训机构的校舍楼层有明确要求，比如以学龄幼儿为招生对象的，要求不超过3层，以中小学生为招生对象的，不超过5层。严格的制度门槛不但没有达到规范培训机构的初衷，反而造成了“破窗效应”，使无证无照办学大行其道。我们必须看到，校外培训机构客观上满足了部分家长和孩子个性化多样化的选择，整治的目的不是消灭培训机构，而是规范办学行为。为此，能否制定科学合理的制度，引导校外培训机构走向规范化发展之路，将直接影响整治的效果。

五是执法力量薄弱监管难。根据《民办教育促进法》规定，有权审批发放办学许可证包括教育与人社两个部门。但校外培训机构既有在教育、人社、民政等部门登记的，也有大量挂着教育科技、教育信息、教育文化等名义，在工商部门（市场管理）登记的，还有大量游离于监管体系之外的无证无照机构。由于培训机构登记情况千差万别，给监管带来一系列问题，主要体现在两个方面：一方面是执法力量分散，存在多头负责、多头管理的问题；另一方面是执法队伍不稳定，缺乏常设监管机构。根据教育部等四部门联合下发整治校外培训机构的通知要求，建立由教育部门牵头，民政、人社、工商（市场管理）等部门共同负责的工作机制。然而这种联合工作机制只是临时性、协调性机制，在短期的清理整治中可以发挥很好作用。但清理整顿之后，谁来开展日常监管？怎么监管？仍然需要建立稳定的、常设的执法机构。清理整顿工作由教育部门牵头，但教育部门恰恰是执法力量最薄弱的单位之一。与财税、工商（市场管理）、文化、交通等建立比较健全的执法机构和队伍的部门相比，教育执法机构普遍空缺，执法力量明显不足。面对庞大的校外培训市场，如果教育执法队伍建设跟不上，仅仅靠临时性的“阵风式”整治，无法有效规范和促进校外培训机构的长期健康发展。

多措并举推进校外培训机构治理

——校外培训情况调研（下）

郑真江

规范和治理校外培训机构涉及面广，社会高度关注，必须积极稳妥进行，推动校外机构健康发展。

一、明确发展定位，平衡好学校教育与校外培训的关系

校外培训被国际教育界称为“影子教育”，依附于学校教育，其生存与发展与学校教育密切相关。一般来说，学校教育功能强化了，校外培训的作用就会弱化。相反地，如果学校教育功能弱化了，家长和学生就会从校外培训中寻求补充。近年来，教育部门为推进减负、实施素质教育，严格规定学生在校时间和课业负担，本意是让学生拥有更加丰富多彩的课外生活，但大部分课外时间成了校外培训的“黄金档”，导致课内减负、课外增负的现象。这种现象在其他国家也同样存在。1976 年，日本实施宽松教育后，过半中小学生涌入学习塾等校外培训机构，教育供给由公立向私立转移，造成“公立瘦弱、私营肥满”。这种脱离主流教育体系

的超量补习、超量培训并没有造就优秀的学生，日本学生在国际学力评测中的成绩连连下滑，引起社会对宽松教育的反思与批评。21 世纪初，日本文部科学省提出全面纠正宽松教育理念，2008 年制定的中小学《学习指导要领》中，小学授课时间增加 5%，初中增加 4%。当前日本正在研制 2020 年《学习指导要领》，进一步调整授课时间和内容，日本文部科学省大臣驰浩提出，日本将和施行已久的宽松教育政策诀别。

无论是推进素质教育，还是实施宽松教育，学校教育的主渠道功能都不能弱化，这是规范国家教育秩序发展、推动学校教育与校外培训协调发展的关键所在。推动校外培训机构治理，长远看，应提升学校教育的质量和竞争力，加快改革考试招生制度，为青少年成长提供多样选择；短期看，应统筹好课堂教育与课外教育，加强对减负的跟踪评价，把握好教育教学松紧度，不能简单地将减负等同于减少在校时间。课外时间是学校教育与校外培训的调节阀，这部分学习时间如果学校教育无法覆盖，校外培训自然会乘虚而入。政府应在加大课外活动经费投入、开发素质教育课程、统筹课外教育资源等方面，采取更多积极主动的措施，调动学校和教师开展课外教育的积极性。

二、坚持疏堵结合，明确校外培训发展的政策导向

校外培训是现代教育与市场机制相结合、社会竞争压力和个体发展需求相互作用的产物。根据经合组织和各类研究机构的调查，校外培训在提升学习成绩中具有积极作用。当然，如果校外培训沦为市场的“奴隶”，偏离教育应有价值，不仅会对教育秩序产生消极作用，也会诱发新的社会问题。治理校外培训，不是要消灭校外培训，而且是要加强疏导、规范发展。韩国早在 1980

年的《7·30教育改革措施》中就提出了“禁补令”，禁止教师从事有偿补课，禁止学校组织补习，但这种只堵不疏的办法，绑住了公办学校的手脚，却为校外培训机构提供了大展拳脚的机会。“禁补令”出台当年，韩国补习学院的增长幅度相当于过去五年总量的3倍。“禁补令”实施20年后，最终于2000年被韩国宪法法院判定违宪并废止。此后，韩国教育政策转向对体制内教育的反思与变革，推出了学校教育创新、考试制度革新、实施课下工程等政策措施，意图对冲校外培训的消极影响，缓解公众的不满情绪。然而这种政策并不能立竿见影，提升学校教育竞争力需要漫长的周期，各类校外培训机构仍然一路高歌猛进。

实践证明，只堵不疏与放任自流都不是好办法。比如，“禁补令”初衷是好的，但是一刀切的方式忽视了学习落后学生的实际需求，客观上助长了校外培训市场发展。目前很多国家对补习问题并不是一禁了之，而是根据学生的实际需求，主动提供服务，比如澳大利亚、法国、新加坡、美国、英国、德国等国，通过补习券、教育券、补习津贴、投资税制优惠等措施，为成绩落后学生、贫困家庭子女提供课外补习服务。加强校外培训治理，应进一步明确价值导向，坚持疏堵结合，充分发挥校外培训作为主流教育的有益补充作用。一方面，对不规范、偏离教育价值的，该清理的坚决清理，该整顿的坚决整顿。另一方面，要通过政策引导、质量评价等多种途径，引导校外培训机构提高教育质量，使其在促进学生全面发展、提高综合素质方面发挥有益作用。

三、健全政策规范，加强校外培训机构的分类管理

健全制度设计是开展清理整顿的基本依据，也是规范校外培训机构发展的基本保障。其中，办学许可制度是规范校外培训机

构发展的核心制度，也是校外培训机构最关心的制度。由于目前各地对民办非学历教育机构的准入门槛都比较高，如果严格执行现行办学标准，能够达到办学标准、获得办学许可证的，基本都是大中型培训机构，一些小作坊、小机构将被淘汰。这就带来一个现实问题：加强清理整顿的目的是鼓励“做大”，还是鼓励“做优”？从各国校外培训机构类型看，特色多样、灵活办学的小型机构占多数，品牌化的大中型机构仍是少数。比如，德国校外培训机构既有“学习圈”“中小学生帮手”等少数专业化大型辅导机构，也有大学生、退休教师等成立的“个体户”辅导机构。有人担心，如果按照现行的标准进行彻底清理整顿，最后可能只剩下少数符合条件的大中型机构，行业的洗牌可能加剧大中型机构的垄断、抬高课外培训服务的价格，加重家庭的经济负担。

规范校外培训机构发展，应当兼顾不同类型、不同规模培训机构发展。对培养学生兴趣、发展素质教育等的文化艺术体育类培训，应在审批、登记、管理等方面降低门槛，探索采取“负面清单”管理方式，提供更加便捷的登记注册渠道，鼓励这类机构加快发展。对学科教育类培训，要突出质量标准，在严格把握准入门槛的同时，加强分类指导，制定更加灵活的注册资本、校舍面积、人员配备等分类标准，引导各类培训机构健康发展。

四、完善监管评估，规范校外培训机构办学行为

教育培训作为利用专业知识为社会提供服务的特殊行业，是信息不对称行业。实践中，所谓的“权威名师”水平有多高，所谓的“明星学员”是不是培训机构培养出来的，所谓的“智力开发”是不是符合青少年成长规律，家长和学生很难分辨。建立权威公信的评价制度、完善日常监管体系，是引导培训机构提高教育质量、

规范发展的重要保障。

现在大部分校外培训机构“姓商不姓教”，游离在教育监管的“空白地带”。要尽快破解教育执法力量长期缺位的问题，加强各级教育部门特别是基层教育部门执法力量建设，加强教育执法与市场、公安、人社、民政等的协调合作，建立规范化教育执法程序，推进校外培训机构的综合执法和日常监管。同时，加强教育质量评估机构建设，建立校外培训机构行业协会，发挥行业协会在标准设置、行业自律、资质管理等方面的作用。推动校外培训机构在师资来源、课程内容、培训效果等方面加大信息公开力度，设立专门的监管平台和举报热线，动员社会力量共同开展监督。

五、加强宣传引导，普及科学教育理念和方法

引导全社会树立科学的教育理念、消除家长的教育焦虑情绪，是治理校外培训机构的根本所在。现在教育舆论生态十分复杂，微信朋友圈所谓资深教育人士的“软文”，背后往往都有培训机构的利益推手，一些标新立异的教育理念实际上并没有经过严格的科学论证。加强科学教育理念的研究和传播的任务艰巨。一方面，要消除认识误区，提高家长的辨别能力，加大对虚假广告、诱导广告的清理力度。比如，不少培训机构为招揽生意，恶意制造焦虑，将“超纲教学”解读为“不上学前班，小学跟不上”，将“课上留一手，课下显身手”夸大为普遍存在的现象。一些中小学教师反映，课上不讲课后到培训机构讲，这种提法对家长很有“杀伤力”，表面看似符合逐利心理，实际上是极少见的极端个案，因为学校的教学考核和检查压力根本不容许教师这么做，夸大这种现象的最大受益者恰恰是培训机构。另一方面，要加强正面引导，建好

家长学校，传播科学的教育理念、知识和方法，推动学校教育与家庭教育良性互动，帮助和支持家长组织专家团队，加强对各类选择性、补充性培训需求的科学指导，营造宽松良好的教育氛围。

发达国家托育政策对我国的经验和启示

王敏瑶　茅倬彦

全面两孩政策实施后，如何妥善解除群众关于生养二孩经济成本高、无人照看、影响职业发展等方面的后顾之忧，日益成为社会关注的热点问题。党的十九大将“幼有所育”作为保障和改善民生的重要内容，2017 年中央经济工作会议强调解决好婴幼儿照护和儿童早期教育服务问题，对解决 3 岁以下儿童托育问题提出了新的更高要求。近日，我们对发达国家托育政策进行了系统梳理和比较研究，认为一些趋势性动向需要关注，一些做法和经验值得学习借鉴。我国应立足国情，因地制宜，加大托育服务方面的政策支持力度，更好满足群众托育需求。

一、发达国家托育政策和经验启示

20 世纪中叶前后，发达国家开始制定实施鼓励家庭生育、帮助养育子女的社会福利政策，一定程度上起到了提高生育水平的作用，同时也促进了就业市场的性别平等。在这些政策中，对

3岁以下儿童的托育提供支持是重要方面，主要有三种形式：服务支持、经济支持和时间支持。服务支持是指政府通过直接举办公共托育机构，或财政补贴私人托育机构，为婴幼儿提供集中照料；经济支持主要包括现金补助、税收减免以及服务补贴等形式，2014年OECD国家平均对每个孩子的经济支持超过1万美元；时间支持是指通过提供带薪产假、父母假等育儿休假，保证家庭对儿童的陪伴与照料时间。

研究中我们发现，以对生育率的影响为衡量标准，同样的政策组合在不同国家产生的效果存在明显差异，这往往取决于各国的经济发展水平和社会文化背景。以欧洲国家为例，在两性较为平等、女性就业率较高且经济发展水平较高的国家，实施效果较好的政策是政府提供质优价廉甚至是免费的托育机构服务，如冰岛、荷兰、挪威的幼儿入托率均超过了55%，丹麦甚至高于65%。在两性平等水平较低、经济发展程度不高的国家，较优的政策选择是提供较长的产假，鼓励母亲在家照料孩子，如中东欧国家。在两性平等水平较低，而经济发展水平较高的国家，切实可行的做法是提供较为慷慨的育儿补贴，为母亲在家照料孩子解除后顾之忧，如英国、奥地利等，但儿童入托比例不高，如奥地利2015年3岁以下儿童入托比例不足20%。

近年来，发达国家不仅将托育政策作为提高生育率的重大举措，也越来越重视儿童早期发展对提升人力资本素质的重要意义。与之相适应，政府将更多精力放在托育服务支持方面，通过高质量的托育服务促进高水平的早期发展。绝大多数OECD国家3岁以下儿童入托比例都呈上升趋势，即便是传统上强调儿童家庭照料理念的保守主义国家也概莫能外，如德国2006—2015年入托率从13.6%上升到32.3%，法国从42.4%上升到51.9%。虽然各国在发展托育服务方面特色不同，但也有不少共同趋势值得高度关注。

一是注重顶层设计。发达国家从国家战略层面重视托育服务，将其纳入国家发展规划。如20世纪70年代《罗马条约》119条就提出扩大儿童照料服务，1986年欧洲委员会创建了儿童照料网络委员会，把就业家庭幼儿的照料假期列为四大优先目标之一，建议各个国家消除女性就业障碍，提供儿童照料设施，促使儿童照料服务成为欧洲经济增长与就业战略的主要内容之一。由于托育服务一般涉及各级政府多个部门，从国家层面推动，可以保证工作实施的协调顺畅。例如美国的“早期开端计划”、英国的“确保开端计划”、德国的“慕尼黑儿童计划”等，覆盖范围广、影响大，都是由中央政府统筹规划，各级政府组织实施的。

二是完善标准规范。制定标准是确保托育服务正规化发展的基础，发达国家主要从三方面予以规范：首先是从建筑设施方面，特别是对一些在私人住宅提供家庭式托育服务的，要求更为严格。如日本要求家中空间至少为9.9平方米，一楼为托育场所，需有电话及卫生设备。英国国家儿童看护联合会组织对家庭托管的环境、能够照顾孩子的数量有详细规定。其次是从人员资质方面，明确从业人员需要具备一定的文化程度，接受过专门培训并获得结业证书，通过专门人士的访谈以确认其心理健康，之后才能完成登记注册并受聘。再次是从托育服务内容方面，虽然不需要有明确的教学科目，但普遍制定了对婴幼儿成长的培养目标和方式方法。如日本制定的《保育所保育指南》确定了各年龄段幼儿保育内容，从健康、人际关系、环境、语言、表现等五大领域，通过游戏或活动帮助婴幼儿身心发展。

三是强化财政投入。一般而言，发达国家财政对托育服务的投入有“补供方”和“补需方”两种模式。但近年来，由于托育服务的公益属性和较为显著的信息不对称，越来越多的国家更加重视“补供方”，通过直接举办公立托育机构或补贴私立托育机构，支持托育服务体系建设。2014 年，OECD 国家对托育机构投入占 GDP 的平均比重为 0.2%，北欧国家甚至接近 1%。例如，2015 年瑞典对托育机构的人均投入达到 13700 美元，每个家庭托育费用只占到双职工家庭工资收入的 5.2%；英国 2017 年先后拨款 5000 万英镑与 1 亿英镑，用于新建和升级托儿所，新增看护点 1.8 万个，承诺为符合条件的工薪家庭提供每周 30 个小时的免费儿童看护服务；苏格兰政府计划 2021—2022 年对幼儿托育投入翻倍，增至每年 8.4 亿英镑，确保 2020 年开始所有符合规定的 2 岁儿童都能获得每周 30 个小时高质量的免费看护及早期教育，每月为每名幼儿节约大概 350 英镑的保育费。从“补需方”角度来看，政府针对家庭实际需要，提供相应的补贴。如法国对雇用专业保育人员的家庭给予保育费用的 40%—70% 补贴。在托育服务市场化程度很高的澳大利亚、哥伦比亚等国，私立托育机构收费昂贵，政府会以现金形式对托育费用进行补贴。

四是严格监督管理。发达国家旺盛的托育需求也促进了私立托育机构的发展，2015 年 OECD 国家 33% 的幼儿在政府托育机构，25% 在私立或是家庭托育中心。政府对私立机构的监管首先体现在资质审核和质量监测方面，只有符合条件才能获得政府补贴。如英国国家儿童看护联合会组织对家庭托管提供专业社工督导支持，每周对护理员的工作进行考核，针对儿童有可能出现的意外伤害引入第三方理赔机制。各国还普遍采用外部监测与内部检测并行的教育质量监测系统，确保对私立机构托管服务督导的权威性与客观性，完善问责机制，加强行政干预，并为社会监督提供必要的信息。政府监管的另一个重点在于限制私立机构收费水平，以减轻家庭经济负担。如瑞典政府规定，无论公立还是私立机构，托育服务家庭缴费每月不能超过 1140（第一个孩子）、760（第二个孩子）和 380 瑞典克朗（第三个孩子），第四个子女托育不能收取任何费用，中央政府为此还拨专项资金补贴地方政府的资金不足。

五是提供差异化服务。发达国家政府支持托育模式的多样化发展，以满足父母的多层次需求。例如，美国的幼儿托管中心根据孩子年龄分为婴儿看护中心、幼儿看护中心、学步儿看护中心、学龄儿童看护中心，还包括轻度生病儿看护中心；法国根据教学模式分为蒙台梭利学校、幼儿艺术学校、幼儿音乐学校、智力缺陷儿童学校；英国除了各种形式的托管中心，还有专门的游戏小组课程；日本设有“临时托儿所”，家庭主妇出门购物或是有紧急情况，可以把孩子送来寄托几个小时；考虑到夜间工作女性的儿童照料需求，日本还有 10% 的照料机构提供夜间儿童照料服务。

六是保障困难群体权益。发达国家普遍把保障低收入家庭婴幼儿的托育权益作为减少贫困代际传递、促进社会公平的重要举措。绝大多数 OECD 国家低收入家庭中 3 岁以下儿童可以优先选择进入公立托育机构，享受托育费用减免甚至免费的优惠，并对贫困儿童家庭发放补贴，或提供食品券、教育券、住房补贴等形式的资助。美国在“早期开端计划”中提出困境儿童的社区托管融合项目，希望以托育为起点实现社会融合。英国在“确保开端计划”中也有专门的财政项目用于 2—3 岁贫困儿童接受正规早期教育，同时规定父母一方年收入高于 5 万英镑就失去部分照料津贴，超过 6 万英镑不再享受照料津贴。在意大利、日本等国，托育机构学费要参考家庭收入，收入越高缴纳学费越高，低收入贫困家庭可以按比例减免学费。瑞典规定，父母离婚或是一方去世的儿童可以额外领取儿童抚养金。

二、我国托育服务面临的困难和问题

新中国成立后，我国通过机关和企事业单位建立的托儿所，较好解决了3岁以下儿童的托育问题。20世纪90年代以来，国有企业剥离了一批企业办社会职能，国有企事业单位举办的幼儿园和托儿所相继与原单位脱钩，一批托育机构不复存在；加之大量公办幼儿园取消了托幼班，进一步减少了托育服务供给，目前提供托育服务的主要是私立机构。据不完全统计，1990年后，我国3岁以下儿童入托率持续下降，目前只有5%左右，这与发达国家入托率不断上升的趋势相背离。且由于政府在托育服务方面缺乏管理规范，导致社会力量开办托育机构处于无章可循、无处审批的局面，不仅存在大量安全风险隐患，而且也制约了优质资源进入托育服务领域。

托育服务的匮乏导致90%以上的家庭依赖家庭成员照顾孩子，进而直接抑制了女性生育意愿。在一项调查中，60%的已生育一孩母亲因为孩子无人照料而不愿生育二孩。家中有婴幼儿还显著影响了女性职业发展和劳动参与程度。由全国妇联组织的第三期中国妇女社会地位调查显示，我国从事非农劳动的18—64岁已生育女性中，有20.2%的人因为生育或者照顾孩子而有过半年以上的职业中断经历，最长中断工作时间平均为2.8年；有3岁以下子女的女性就业率为62%，比没有3岁以下子女的女性就业率低将近12个百分点。另有数据显示，1991—2004年，有3岁以下子女的母亲劳动参与率一直在下降，降幅高达25.8个百分点。即便重返职场，很多母亲不得已选择非正规就业或放弃职业晋升机会，以便有更多时间照顾孩子。在此背景下，发展托育服务的呼声日益强烈。调查表明，北京超过 90% 的家长认为“托儿所有必要发展”，超过 50% 的人认为未满 3 岁的幼儿已适宜入托；上海高达 95% 的家长希望发展托儿所，有近四成 2 岁儿童的家长希望得到托育服务支持。如何满足群众快速增长的托育需求成为各级政府亟待破解的问题。

三、解决好我国托育问题的政策建议

解决好群众托育问题，不仅是重大民生工程，也事关人口发展战略，事关民族素质提升，需要高度重视，系统谋划。与发达国家相比，我国在托育服务的财政投入、政策支持、体系建设等方面都有很大差距，不能一蹴而就。当前应从完善顶层设计入手，抓紧建立健全托育服务的制度体系和标准规范，用好存量资源，促进增量发展，使更多家庭能够享受到高质量的托育服务。

一是促进相关部门的协调配合。托育服务一般包括照看与早期教育两重含义，各国的牵头部门不尽相同，如瑞典由教育部负责、丹麦由社会事务部负责、日本由厚生省（卫生部）负责。但无论是哪个部门牵头，都需要教育、卫生健康、市场监管、民政、公安等部门的协调配合，特别是教育部门和卫生健康部门的密切协作，往往对托育服务发展起到至关重要的作用。以日本为例，虽然托育和学前教育分别由厚生省和文部科学省（教育部）负责，但对 6 岁以下儿童在保育理念、教育内容、课程设置、教师资质等方面的要求却趋于一致，并推动保教设施共享，这种“幼保一体化”保证了儿童能够获得连续完整的教育，其经验值得借鉴。

二是建立健全托育服务的标准规范。自 1981 年原卫生部颁布《三岁前小儿教养大纲（草案）》以来，针对托育服务的规范性文件几乎一片空白，对托育机构的设置审批、监督管理、指导评价等都缺乏可参照的标准。建议相关部门抓紧制定托育服务对象、服务内容、人员资质、设施配置、技术流程等方面的规范标准，建立执业登记、服务许可、机构审批、质量认证等制度，完善托育服务监管机制。

三是以盘活存量资源为重点建立托育服务体系。我国托育服务虽然薄弱，但并非全无基础。当前，“平地起楼”建立一套全新的托育服务体系并不现实，关键是要把现有的人财物等盘点好、利用好，发挥存量资源的最大效益。一方面，要鼓励符合条件的幼儿园开办托儿班，引导支持企事业单位为职工提供托育服务，在税收等方面给予一定的倾斜政策。另一方面，依托社区资源建立家庭式托育点，在工商登记、税收、信贷等方面予以支持，这也是“双创”的一种形式，可以把下岗女工、全职家庭主妇、退休人员等的积极性都调动起来，鼓励结合家庭需求开展日托、半日托、临时托等形式多样的服务。从业人员资质参差不齐是制约托育服务健康发展的一大瓶颈。政府要推动建立系统完备的托育技能培训体系，让从业人员具备儿童保育、早期教育、潜能开发等方面的知识和技能。

四是推动公共托育资源进一步向农村和贫困地区倾斜。婴幼儿阶段的健康和教育公平是社会公平的起点。发达国家的经验表明，依赖以利润为导向的市场化托育服务会使高收入家庭选择高质量的托育机构，低收入家庭无奈选择低廉的托育机构，进而加剧社会阶层分化。短时间内，我国在托育服务方面的财政投入难以与发达国家匹敌，这就要求有限的公共资源进一步向农村和贫困地区倾斜，特别要满足好留守儿童、困境儿童等特殊群体的托育需求，为他们的健康成长营造良好环境。

五是因地制宜完善托育支持政策。国际经验表明，不同国家往往采用不同的托育支持政策组合，以获得最佳的政策效果。当前，我国要实现提高生育率、扩大就业、提升人力资本素质等多重政策目标，必须统筹兼顾、综合施策。考虑到我国不同区域经济发展水平和社会文化习俗差异较大，应该允许地方在托育支持政策制定方面有更多自主权，鼓励因地制宜大胆探索。如在东部地区，经济发展水平和妇女就业率都比较高，要加大托育服务设施方面的投入力度；在中西部欠发达地区，可以考虑给予家长相对宽裕的产假和育儿假，为他们照顾子女提供便利。

各国学前教育发展的特点与趋势

林秋朔　王敏瑶　王海英　王玲艳

人生百年，立于幼学。办好学前教育不仅是人民群众的热切期盼，也是提高人力资本素质的重要基础。目前，我国已先后实施了三期学前教育三年行动计划，对促进学前教育普及、提升学前教育质量发挥了重要作用。党的十九大明确提出“幼有所育”的目标，为加强和改善学前教育提出了新的更高要求。从世界范围来看，联合国《2030 年可持续发展议程》提出，到 2030 年，确保所有男女童获得优质幼儿发展、看护和学前教育，体现了各国对学前教育的高度重视。近日，我们对当前各国学前教育发展作了比较研究和趋势分析，很多共性特征值得关注。

一、学前教育普及率逐年攀升

幼儿毛入园率是反映学前教育普及程度的重要指标。2016 年 106 个国家和地区的学前教育平均毛入园率为 49.49%，比 2000 年提高了 17.9 个百分点，比 2010 年提高了 11 个百分点，显示出毛入园率在近年来的提升速度有所加快。发达国家平均毛入园率更高，OECD 国家 2015 年达到 91.4%，其中超过 90% 的国家达 23 个。发展中国家的情况则出现分化，以金砖五国为例，2016 年我国毛入园率为 77.4%，与南非接近；印度毛入园率为 12.9%，远低于世界平均水平；而巴西和俄罗斯则达到 90% 左右，远高于世界平均水平。

二、财政对学前教育的经费投入持续增长

OECD 在多个报告中指出，充足而稳定的财政资源，是学前教育实现普及、有质量和可负担的关键，而政府投入不足将导致学前教育服务数量短缺、质量低下、入园机会不公平等一系列问题。2014 年，财政性学前教育经费支出占 GDP 比例的世界平均水平为 0.39%，我国为 0.15%，低于包括非洲在内的各大洲平均水平。从各大洲情况看，亚洲国家整体投入水平相对较低，财政性学前教育经费支出占 GDP 的比例平均为 0.25%，低于欧洲、南美洲和北美洲的投入水平。OECD 国家财政投入水平普遍较高，2014 年占 GDP 的比例平均为 0.5%，且至少在 19 个国家超过了 0.5%。绝大多数 OECD 国家采取了两级或多级政府分担学前教育财政支出责任的模式，其中省级及中央政府平均分担了 56% 的投入职责，避免地方政府可能因财力不足而对学前教育投入不够。

财政性教育经费中学前教育经费占比能够反映一国教育体系中学前教育的地位和分量。2014 年，这一比值的世界平均水平为 7.64%，OECD 国家为 9.87%，我国同期为 3.54%。从各大洲情况看，亚洲国家整体投入水平偏低，学前教育经费占比平均为 4.96%，低于世界平均水平和欧洲、南北美洲的平均水平。财政性学前教育经费指数（生均财政性学前教育经费占人均 GDP 的比例）可以在横向上比较财政资源落实到每个学生的状况。2014 年这一指数的世界均

值为 13.52%，OECD 国家为 18.1%，同期我国为 4.89%。

从投入方式看，学前教育投入一般有“补供方”和“补需方”两种模式。“补供方”是指政府直接举办公立学前教育机构，或对私立机构给予运营补贴、税收减免等形式的补助。“补需方”是指政府对家庭给予补助，包括现金形式的育儿补贴，通过税收减免冲抵家庭支出的学前教育花费，提供幼儿教育券等有价兑换券来支付学前教育经费等。选择“补供方”还是“补需方”，受不同国家政治、经济和历史文化传统以及学前教育体制等方面的影响。“补供方”的国家往往将学前教育视为公共产品，大力促进学前教育服务均衡化发展。“补需方”的国家则希望增加家长的选择性，通过市场竞争提高教育机构质量，但也可能削弱政府对学前教育的规制，影响学前教育的公平性。目前，OECD 国家更多采取了“补供方”的模式。

三、把学前教育作为反贫困的重要手段

发展学前教育对于消除贫困代际传递、减少社会阶层分化的重要意义已成为国际共识，越来越多国家都加大力度推动学前教育资源向困难地区和弱势群体倾斜。一是实施专门针对处境不利儿童的国家或地区行动项目。比较著名的有美国的“早期开端计划”、英国的“确保开端计划”、德国的“慕尼黑儿童计划”等，发展中国家的类似项目包括古巴的“教育你的孩子”、孟加拉国的“儿童早期发展项目”、印度的“国家儿童发展综合服务计划”等。二是财政投入向弱势群体倾斜。如美国《开端计划法案》明确规定，联邦政府每年对开端计划的投入必须不低于上一年。还有一些国家设立了农村地区学前教育专项经费，如新西兰设立了“公平资金资助”和“偏远地区资助”，对落后地区和偏远地区的儿童，

提供资金补贴、免费学前教育等资助。三是在偏远贫困地区兴建公立幼儿园。如韩国在农村和山区大力兴办公立幼儿园。

四、越来越多的国家提供不同程度的免费学前教育

联合国教科文组织发布的《教育2030行动框架》、世界教育论坛通过的《仁川宣言》都提出，鼓励各国实施至少一年的免费学前教育或纳入义务教育。顺应这一趋势，从世界范围来看，2017年33%的国家提供一年免费学前教育，27%的国家提供两年免费学前教育。其中，提供一年免费学前教育国家比例最高的是欧洲和美洲，拉美和加勒比地区高达63%，欧洲和北美为46%；亚洲国家提供免费学前教育的比例则低于平均水平，东亚和东南亚只有17%，南亚仅11%。

OECD国家对学前教育学费提供了形式多样的减免政策。有23个国家提供一年免费学前教育，其中部分国家免费学前教育的提供时间更长。对于学费未能全免的阶段，主要通过减免部分学费，对低收入、多子女和特殊家庭减免，部分时段免费，部分托幼机构和教育服务减免等举措，提供一定程度的学费减免。在亚洲国家中，韩国从2012年便开始实行一年免费学前教育，从2013年开始实行三年免费学前教育；日本近期出台规定，从2019年起，3—5岁幼儿在国家批准的保育所、托儿所、幼儿园等可享受免费政策。另外，我国的香港、澳门、台湾地区也已实施了教育券制度，相当于实现了普惠性学前教育免费。

即便未能实现免费，各国家庭的学前教育费用负担也普遍较轻，这主要得益于公共财政投入在学前教育支出中占据了较大的分担比例。OECD国家公共投入分担比例平均高达83%，其中超过三分之二的国家分担比例高于80%，超过三分之一的国家高于

90%。发展中国家的哥伦比亚、智利、阿根廷等国，公共投入分担比例都在 65%—85% 之间。即便是私人分担中，还有一部分来自举办者、慈善性团体、非营利组织等的投入，家长实际分担比例更低。与之相比，我国学前教育支出中，公共财政投入占比为 45.6%，私立机构举办者投入很低，而家长分担比例占一半左右。据统计，2015 年，占据了我国园所总量 65.4% 的民办园的举办者，仅投入了相当于学前教育总经费 1.95% 的资金，这也仅占民办园总经费的 4.74%。据了解，有民办园家长甚至负担了 100% 以上的成本（除成本以外，还包括举办者提取的回报）。与之形成对比的是，在很多国家，不仅公共投入和私人举办者对民办园成本有很大比例的分担，而且政府对民办园收费进行了严格规制，并与家庭收入挂钩，低收入家庭收费更低甚至完全免费。例如挪威就借助这一政策，将家长分担比例从 2002 年的 37% 降低到 2012 年的 15%。

需要指出的是，免费学前教育并不等于义务教育，提供一年免费学前教育的国家中，只有一半左右将其纳入义务教育。在 OECD 国家中，有 12 个将一定年限的学前教育纳入义务教育范围内。

五、公立学前教育机构占主导地位

目前，全世界有 60% 左右的幼儿就读于公立学前教育机构，另有 20% 左右的幼儿在可以获得高额财政补贴的私立机构就读。以 OECD 国家为例，2015 年就读于公立学前教育机构的幼儿比例平均为 65.9%，但不同国家差异较大，有 9 个国家这一比例低于 50%，其中比例最低的是新西兰，只有 1.5%。然而，在澳大利亚、比利时、智利、韩国、新西兰，虽然超过 50% 的幼儿就读于私立学前教育机构，但这些机构大部分的资金来源于公共财政。OECD 国家中只有 10% 的儿童在财政补助比例不足运营经费 50% 的私立机构就读。与此相比，我国就读于公立幼儿园的幼儿比例为 44.8%，普惠性幼儿园覆盖率在 70% 左右。各国采取多种方式支持私立机构发展，除了专项补贴私立机构的开办、运营费用等，在公立学前教育资源不足时，还会向有资质的私立机构“购买学位”。另外，政府对私立学前教育机构还提供税收优惠，并帮助购买一些学前教育的必需物资。

六、对教师队伍建设的重视程度不断提高

大多数国家学前教育从业人员具有教师的身份，有明确的资质标准和相应的收入待遇。越来越多的国家和地区都明文规定了学前教育教师的专业要求和学历标准，确保从业者资质。如美国 1981 年颁布的《提前开端法案》中规定，到 2003 年 9 月 30 日之前，全国至少有 50%“提前开端”的教师拥有学士学位；2003 年的修正案则要求从 2011 年 9 月 30 日起，所有任职于“提前开端”的教师均要拥有儿童早期教育的协士、学士或更高级学位。韩国教育部规定，2000 年以后的学前教育教师培养需接受 4 年制大学本科教育；从 2001 年开始，新任教师培训从 2 年扩展为 3 年。智利要求学前教育专业的学生具备哲学、心理学、教育学等方面的知识与能力，考核合格后才能授予“学前教师”的专业称号；近年来推动的教育改革中，强调要努力实现学前教师课程的本科化和研究生化。在此基础上，各国还高度重视教师继续教育。如德国幼儿教师参加在职进修基本免费。不少国家还设立专门项目，对贫困地区教师的培训给予特殊保障。如美国的“农村教育成就项目”、墨西哥的“农村及贫困地区教师教育项目”、澳大利亚的“优

先学校计划”和“乡村地区计划”，促进农村地区教师素质的提升。

让学前教育教师具有稳定体面的收入待遇，是吸引优秀人才从事学前教育工作的重要举措。各国的主要做法包括：一是提高工资水平。在很多OECD国家，特别是北欧国家，幼儿教师普遍能够达到或者接近小学教师的收入水平。日韩两国将公立幼儿园教师视为公务员，近几年来日本大幅度提高幼儿教师的工资待遇，比一般公务员高20%左右。二是补偿超时工作。韩国要求学前教育机构给每周工作时间超过40小时的教师支付额外补助，对夜班教师和周末上班的教师也有补助。日本公立幼儿园的教师也能够获得超时工作的补助工资。三是确保公平待遇。韩国规定私立学前教育机构教师的工资要维持在不低于公立机构教师的工资水平。美国新泽西州立法要求，确保在私立机构中工作的获得认证的教师和助教能够获得与直接由学区教育委员会聘用的教师和助教同样的工资待遇。

七、学前教育质量监测体系日益完善

教育领域的质量监测最初主要应用在高等教育方面，近年来不断向基础教育延伸，覆盖了学前教育。新西兰、美国、澳大利亚、德国、墨西哥、韩国等开始通过颁布质量标准、成立独立的质量监管机构等举措，加强学前教育质量监测。如新西兰教育监察办公室于21世纪初开始将学前教育质量监测纳入职能范畴；澳大利亚成立国家儿童教育和养护质量监督局，并颁布《2012学前教育国家质量框架》；德国出台了《日托机构的教育质量标准》等。目前，学前教育监测的方法和流程都处在探索之中，但也有一些共性趋势：从监测标准上看，体现了中央制定标准和鼓励地方探索的统一。从监测内容上看，一般包括服务评价、教师评价、儿童评价等，特别是加强机构服务质量评价，对表现不佳的机构采取惩罚性措施，有的国家还将质量评价与经费投入挂钩。从评价方式上看，一般都将定性评价与定量评价相结合，兼顾过程性指标和结果性指标，利用多主体、多元化、多维度评价手段，引入第三方评价机制。同时，各国还加强质量监测结果的信息公开，增进公众对学前教育的理解，帮助家长选择合适的教育机构。

三、保障基本医疗卫生服务

公立医院薪酬制度改革试点成效和问题

——公立医院薪酬制度改革试点调研报告（上）

王汉章　王敏瑶

建立符合医疗行业特点的薪酬制度，是持续深化医药卫生体制改革、调动广大医务人员积极性的重大举措。2017 年初，人社部等 5 部门联合印发《关于开展公立医院薪酬制度改革试点工作的指导意见》（以下简称《指导意见》），在部分城市开启了试点工作。近日，我们赴江苏和安徽两省进行调研，与试点城市政府相关部门、公立医院院长、医务人员代表进行座谈，听取了近百名人员的意见建议。总体感觉，尽管改革取得了一定进展，但面临的问题不容小觑，亟待研究加以解决。

《指导意见》下发后，试点地区行动迅速，很快就制定印发了具体实施方案。安徽省已在全省推开，江苏省在徐州、泰州和常州三地实施。从各个城市的实践看，大都围绕“两个允许”（允许医疗卫生机构突破现行事业单位工资调控水平，允许医疗卫生服务收入扣除成本并按规定提取各项基金后主要用于人员奖励）做文章。改革核心举措包括三条：

一是设立新的薪酬分配体系。主要有三类：一类是实行岗位绩效工资制。这一模式主要在医务人员中实施。医务人员薪酬由基本工资、津补贴和绩效工资组成。基本工资和津补贴与其他事业单位发放标准基本相同，但绩效工资高于事业单位平均水平，成为提升医务人员收入的重要渠道。二类是实行年薪工资制。这种方式主要针对公立医院院长，有的扩大到副院长和科室负责人。年薪由基本年薪、绩效年薪、任期激励收入组成，年薪水平按本院职工平均薪酬水平的2—4倍发放，所需经费由地方财政单独列支，不占公立医院绩效工资总量。安徽省对县区级公立医院院长年薪一般定在30万左右。江苏省正在制定规范标准。三类是实行协议工资制。主要针对引进的高层次人才。比如蚌埠市针对部分紧缺或亟须的高层次人才以及省级重点学科带头人、江淮名医等通过签订协议确定薪酬总额。

二是突破事业单位工资总额调控水平。也就是做大用于发放医务人员工资的“蛋糕”。以前，为避免部门间工资差距过大和随意发放奖金，国家对教、科、文、卫等公益类事业单位，都设定了工资总额上限，并且每年进行核定。这次改革，试点地区对公立医院开了个口子，允许突破现行事业单位工资调控水平，也就是突破现有事业单位规定的“封顶线”。比如，安徽省对公立医院工资总额实行以收定支，实际上就是取消了“封顶线”。江苏省虽然设立了“封顶线”，但把“天花板”设得相对较高，地市级公立医院按当地其他事业单位绩效工资水平的100%—190%进行核定，县区级医院按100%—180%核定，在此基础上还有10%—15%的上升空间，个别医院甚至更高。

三是建立“放管并举”的激励约束机制。“放”就是落实公立医院收入分配自主权。各试点城市除了对公立医院工资总额做原则性规定外，不再插手公立医院内部分配改革，完全由其自主决定职工绩效工资分配方式和分配办法。这种做法既强化了院长的责任，也充分调动了他们管理医院的积极性。“管”就是建立一系列考核评价指标体系，严格绩效考核，考核结果与医院工资总额、院长薪酬等挂钩。比如，安徽某市对考核优秀的，人员经费支出占业务支出的比例可提高到40%—42%，院长年薪可达40万元；良好的，支出比例可达38%—40%，院长年薪30万元；合格的，支出比例可达36%—38%，院长年薪20万元；合格以下的，支出比例不超过35%，院长年薪降到15万元。江苏对考核为优秀的公立医院，次年绩效工资总量可按当地平均水平6%—10%的幅度进行提高，良好的按照3%—6%的幅度提高，合格的不变，不合格的要调低。

应当说，经过一年多的改革试点，公立医院医务人员收入得到明显提升。安徽某大学附属医院2017年在职职工人均收入达到20万元，同比增长超过21%。江苏某市8家公立医院实际人均收入从8.9万元提高到13.6万元，增幅达40%，收入标准已经接近社会平均工资的3倍。尽管如此，调研中，我们感觉到，各方对公立医院薪酬制度改革仍有分歧，意见不少。

印象一：不少医务人员对改革基本不满意。主要体现在五个方面：一是工作负荷重、劳动强度大。座谈会上，一些医生都埋怨，“早七晚八”成为医院工作的常态，还要经常值夜班。安徽等市第一人民医院一位医生说：“近年来，公立医院规模扩得太快，又很难招到医生，1人要干3—4人的活。宁愿多要一个人，不愿多拿一份钱。”江苏某市人民医院护理部负责人说：“医院护士缺口比较大。全院710个护士干了938个人的工作。尽管大医院的护士年收入比社区要高出1万—2万元，但仍都愿意到社区工作，那里工作相对轻松。”有的医生说得更是极端，就是一年拿一百万元，干工作累死也不值。二是岗位之间收入差距过大。这次改革试点要求公立医院适当拉开不同岗位之间的收入差距，重点向临床一线倾斜，但却造成了新的不平衡，引发了新的矛盾。江苏某县第一人民医院对医、护、技、药、管不同岗位定的绩效比重分别是 1、0.7、0.6、0.5、0.4，临床医生的收入提高了，却挫伤了更多人员的积极性。有的临床药师说：“药剂科不能挣钱了，院领导认为我们从收益中心变成了成本中心，成为医院的负担，工资在医院几乎是最低的。”医院管理人员也反映，现在医院“重临床、轻管理”问题非常突出。三是编内编外同工不同待遇问题仍没有得到解决。目前，公立医院超编现象非常普遍。江苏省超编在 50% 左右。安徽省超编更为突出。安徽某大学第一附属医院核定编制 2381 人，实际在岗职工达到 4946 人，超编 2565 人。省儿童医院编内与编外比例是 1 ∶ 3。编外人员反映最为突出的问题有两个方面：其一，养老保险与编内人员差距较大。编内人员走的是事业单位养老保险标准，编外参照企业养老保险标准。据了解，同样级别退休后月收入差距在 30% 左右。一些院长说，编外人员使用大都始于 2000 年左右，尚未面临退休问题，感受不到退休金的差距，10 年以后，这些矛盾就会“引燃”。其二，编外人员在职务提拔、职称晋升等方面受到“歧视”。有的医生反映，医院领导干部选拔、科室主任竞聘，一般都不考虑编外的。四是年轻医生收入改善不大。座谈中，年轻医生对这次改革期待最高，但失望也很大。肥西人民医院一位刚工作 2 年的毕业生，每月扣完住房基金及各种税收外，所剩无几。五是攀比心态严重。近年来医务人员收入较医改前有了比较显著的提升，然而仍然不满意。究其原因，主要是小医院与大医院比、公立的与私立比、欠发达地区与发达地区比、国内的与国外比，由此产生了心理不平衡。

印象二：公立医院院长对改革试点不积极。有的同志说，不改还能维持过日子，一改问题就显露出来了，愁心事也多了。一愁没钱发。这次薪酬制度改革试点，经费来源主要通过原渠道解决，也就是政府一分钱不拿，完全靠医院。不少院长就抱怨，国家只给政策，不给钱，把责任都推给院长。碗中没米，哪来饭吃。安徽某市妇幼保健院负责同志说："现有薪酬制度试点能否成功完全取决于公立医院的经营状况，离开这个前提，改革就是空谈。"在调研中，我们明显感受到一些规模小、基础差、盈利能力弱的基层医院以及承担公共卫生职能的康复、妇产、儿科、精神疾病等医疗机构根本没钱给医生涨工资，而规模大、运营好、盈利能力强的公立医院特别是省级大医院明显"财大气粗"，认为改革步子不够大，政策不解渴。二愁债务负担重。从调研看，江苏和安徽两省公立医院普遍存在负债问题，少则千万，多则数亿。如安徽一家医院 2017 年长期债务余额达 12.08 亿元。江苏一家医院长期债务 15 亿，每年除政府贴息 2000 万外，医院还需还息 5000 万。这些沉重的债务压得医院都喘不过气来，哪来钱再给医生涨工资。三愁"五险一金"支出大。有医院指出，人员经费支出中 40%—50% 用于支付"五险一金"。特别是养老保险制度改革后，将绩效工资也纳入养老保险缴费基数，进一步增大了医院缴费压力。四愁政策性亏损补偿不到位。大家普遍反映，公立医院承担的援外、支边、扶贫、支援基层等任务，政府补贴不足。如常州市第二人民医院每年有 100 人承担这方面任务，政府几乎一分钱没投。

印象三：政府有关部门对改革试点有忧虑，担心"葫芦"没按下却浮起了更多的"瓢"。一忧与其他事业单位的工资收入差距拉大。人社部门的同志说，以前对各类事业单位核定工资标准差别不大，现在把公立医院的标准提高了，并与其他行业拉开了差距，可能会引发攀比，制造新的矛盾。我们是左右为难，既要兼顾各行业，又要尽可能体现医疗行业的特殊性，如同“戴着镣铐跳舞”。二忧不同级别公立医院收入差距拉大。比如，在合肥市，省属的安徽医大第一附属医院 2017 年在职职工人均收入达到 20 万元，而市属公立医院人均收入仅为 10 万元，相差一倍。江苏邳州市人民医院的同志反映，同样职称的医生，在市级医院和县级医院工作月收入差距超过 2000 元。三忧不同类别医疗机构收入差距拉大。康复医院、精神病院、传染病院等自我造血功能不强，与综合医院收入差距较大。如常州市属 8 家公立医院人均年收入最多相差 4.67 万元。四忧大医院与基层医疗卫生机构医务人员收入差距拉大。大家普遍认为，这次改革是在给大医院医务人员做“加法”，将进一步拉大二者之间的收入差距，一方面会导致基层医务人员的不满，同时也会引发新一轮大医院对基层人才的“虹吸”。

推动公立医院薪酬制度改革的思考和建议

——公立医院薪酬制度改革试点调研报告（下）

王汉章　王敏瑶

公立医院薪酬制度改革牵涉上千万医疗卫生人员的切身利益，复杂而又敏感，必须统筹考虑各方面的因素，从全局高度和长远视角做好顶层设计，确保薪酬制度改革试点行稳致远。

第一，必须坚守公共医疗卫生公益性的底线。这是检验公立医院薪酬制度改革成效的一个重要“试金石”。从实践看，各地在推进改革试点中，表面上把医务人员的收入与其开药、检查、手术服务等脱钩，实际上却存在着或明或暗的联系。医院对医务人员的考核分配，大都基于以科室收支结余为基础，盈利能力强的科室医务人员的收入水平往往更高。在座谈会上，一些公立医院院长说，不与经济指标考核挂钩，怎么衡量大家的业绩。而这样做的结果就是引导医院和医生创收，说白了就是形成逐利机制。

医疗服务是刚性需求，信息高度不透明、不对称。基于这一特征，国际上无论是公立医院还是私立医院都严格禁止把医生的薪酬与医院的收入相联系，对非营利性医院医生的收入设定封顶线，以抑制医院和医生的逐利动机。澳门卫生署官员讲过一个案例，澳门某医院曾聘请广东一位公立医院院长，其把内地这套管理考核方式引入后，医生“挣得多”收入就高，上任不到半年就被医院医生和当地居民给赶走了。美国哈佛大学卫生经济学家肖庆伦教授说过：如果以服务数量多少对医生进行定价，就如同把“魔鬼”从瓶子里放出来，很难控制。大家都有这样的体会，去医院看病，对医生开出的“药方”是别无选择的。我们现在薪酬制度改革试点实行“两个允许”，主要是为了提高医务人员收入水平，使之更好反映医务人员的劳动付出，但并不意味着对收入不加限制。如果不能全面准确地理解“两个允许”，产生认识偏差，进而鼓励医院和医生更多地开展医疗服务提高收入，却没有任何措施和手段对其管控，可能就会导致由过去的“过度卖药”转向“过度诊治”，由“以药养医”转到“以过度服务养医”，由“药”引发的“看病贵”转到因“服务”引发的“看病贵”，甚至会出现二者共同推高看病费用。这些年，我国医疗服务门诊量、住院患者人数开始大幅提升，这固然有居民健康需求释放的因素，但也不排除受利益导向的驱使。所以，公立医院薪酬制度改革仍需要对工资总量和医生收入水平进行调控和监管，不能放任自流。考核分配机制不仅要在理念上突出公益性，更要落实到具体的措施上。

第二，必须遵循医疗行业特点和市场机制的规律。党的十八届三中全会提出“建立适应医疗行业特点的人事薪酬制度”。这项政策通常被解读为：一是医疗行业人才培养周期长、职业风险高、工作负担重、心理压力大、技术难度复杂等；二是医生的收入应该是社会平均工资的3—5倍。这实际上是对欧美等国医疗事业发展运行规律的总结。在发达国家，医学人才培养走的是精英化教育，医学院校的学生必须读完理工科类大学后才有资格报考，一位医学毕业生拿到执业医师资格证书一般都超过35岁。我国医学生培养的学制、培养的质量与其不可同日而语，在国内毕业的临床医学生，到国外要想从医，必须从头再来。关于医生收入是社会平均工资的3—5倍，这确实是发达国家的现状，但其高收入的来源和形成机制不是事先预设靠行政手段推动的，多数国家也不是依靠财政投入实现的，而是市场均衡的结果。同时还要看到，在大多数国家，医生在公立医院收入并不是很高，许多医生选择到公立医院工作，目的是希望在公立医院提高业务水平，培育社会知名度，以便在未来个体执业中获取丰厚的经济回报。美国华裔医师协会医生告诉我们，美国公立医院兼职医生年薪并不高，只有5万—10万美元，但由于有公立医院服务的经历和背景，到其诊所看病的患者很多，这项收入每年高达70万美元。英国公立医院医生收入分为九个等级，最低等级的医生年薪只有1.54万英镑，最高等级年薪也仅是10.41万英镑，而伦敦公务员最低年薪是6.4万英镑，最高的是20.8万英镑。但公立医院的医生可以到私立医院或自开诊所提高其个人收入。有统计表明，英国医生通过私人执业平均获得收入相当于其在公立医院收入的40%左右。

医疗行业的特点到底是什么？我们认为，除了教育时间长、需要24小时提供医疗服务外，最大的特点就是执业的自由性。过去，我国中医除了朝廷设立少数太医院外，其他都是自开诊所，背着药箱，走街串巷、深入百姓之家服务患者。这种自由行医模式，促进了中医发展百花齐放，也使医生获得了较高收入和社会地位。西医本质上也是自由执业，只是后来随着医学科学进步，特别是医疗设备发展以及医学专业分工的细化，医院得以兴起，但医生自由职业的特点仍然保留下来，可以个体执业、合伙执业、受雇于医生集团、受雇于医院等多种模式，这就使得医生选择空间更广、薪酬来源也更加多样。对安于稳定的医生，往往会倾向于受雇于医院，而希望获得高收入的医生则可能到多家机构执业。国际上医疗行业薪酬制度建设就是基于这一特点而确立的。而在我国，作为“单位人”的医生收入来源相对单一，只能够寄希望于通过单位“涨工资”提高收入水平。因此，建立公立医院的薪酬制度，政府只能尽到保障“基本”的责任，要获得更高的“非基本”报酬，必须鼓励和支持具有真才实干的医生多点执业，到市场上去展现才华和价值，这样的薪酬制度设计才更有生命力和持久性。

第三，必须统筹好医疗机构之间、不同岗位之间以及不同行业之间的收入关系。概括地说，就是要处理好“上下、左右、内外”的关系。“上下”就是要协同推动公立医院与基层医疗卫生机构的薪酬制度改革，确保二者在水平、结构等方面保持合理关系，避免公立医院薪酬上涨加剧对基层人才的虹吸现象。“左右”就是要处理好各级各类医疗机构之间的收入，特别要针对承担公共卫生任务的公立医院和部分专科医院落实好投入倾斜政策。同时要平衡好不同专业及岗位间的收入关系。现在公立医院不同岗位的收入基本按照医、护、技、药、管顺序递减，有的医院差距较大，这不仅会影响相关岗位人员积极性，也会制约一些科室长远发展。这些年，大型公立医院儿科、口腔科等所谓的“小科”“偏科”发展普遍较慢，有的甚至不再开设，与这种不合理的分配机制密切相关。有的同志说，照这样下去，下一步“关门”的就是药剂科、信息管理科。必须尽快扭转这种现象。“内外”就是平衡好公立医院与其他事业单位的收入关系。医疗行业确实有其特殊性，但如果一味提高收入水平，与其他事业单位的差距过大，也容易形成行业间攀比，不利于社会稳定。事实上，发达国家在制定公立医院薪酬制度时，也要兼顾对其他公共部门薪酬的影响。此外，还要高度重视提高年轻医生收入水平。调研中，我们感到这部分群体情绪低落，对改革怨言较多。建议在薪酬制度改革中要拿出具体措施，切实解决这一问题。

第四，必须进一步优化薪酬结构、多措并举激发医务人员积极性。一些研究表明，发达国家公立医院医务人员薪酬主要包括基本工资和津补贴。基本工资主要根据职称、岗位、年资等为基础制定，这一部分占薪酬的比重较高。津贴部分主要对承担加班、夜班、随叫随到的轮班任务等给予额外补助。这一块占基本工资的20%—50%，主要体现了多劳多得，起到遏制“大锅饭”“养懒汉”的作用。如法国医生每周上一个夜班且每月一次周末加班，就可以得到相当于基本工资25%的津贴。此外，还设立中长期绩效奖励制度。比如英国政府设立的“临床卓越奖”，奖励那些作出杰出贡献的医生，一旦获得即终身享受，相当于我国的加几级工资，奖金单独拨付。目前我国公立医院改善薪酬制度单一僵化，分配结构不科学，基本工资水平较低，特别是体现医疗行业特点的加班、夜班等津补贴价格明显偏低。据了解，医生上一晚上夜班费为80元，护士仅为40元。推进公立医院薪酬制度改革，要进一步优化薪酬结构，更加注重在医疗行业特点上挖潜力，用“组合拳”调动医务人员积极性。

第五，必须加快推进相关领域的配套改革。这次调研，我们感觉，大家反映的很多意见不仅仅是薪酬制度改革自身的问题，而是相关改革没有到位的体现。比较突出的有三个方面：一是关于分级诊疗制度建设问题。不少医生的诉求特别是高年资医生，表面上看是收入问题，实际上是对工作负荷及执业环境的抱怨。比如，某市第一人民医院一位科主任年薪超过30万，其水平已经超出了当地社会平均工资的5倍以上，仍是不满意，反映的问题主要是工作辛苦，家也回不去，孩子也照顾不了，最后提出只要每天上班8小时，年薪减到20万也知足。她的发言引起了不少医生的共鸣。由此看，当前医务人员的诉求不仅仅是“钱”的问题，如不把分级诊疗制度建起来，不切实解决大医院人满为患、医务人员始终处于“战时”和高度紧张的执业状态，仅靠提高医生的收入是很难让医务人员满意的。二是关于政府的财政投入问题。新一轮医改明确提出，财政要保障公立医院六方面的投入（基本建设、设备购置、重点学科发展和人才培养、符合国家规定的离退休人员费用、政策性亏损补贴、对承担的公共卫生任务和公共服务的专项补助），这是确保公立医院姓“公”的基础，但从实际情况看，各地几乎都没有到位。这既有地方财力的约束，也与我们缺乏具有可操作性的实施细则和实施路径有关。现在，从国家到省、市、县甚至到乡镇，说到财政对公立医院投入都把这六项给搬出来，上下“一般粗”，不可能每所医院每年都需要这六项投入。建议有关部门要抓紧研究制定六项财政投入的办法，形成公立医院发展靠政府、运行靠服务的可持续投入新机制。三是关于医疗服务价格调整问题。当前服务价格调整只消化了取消药品加成政策亏损的70%左右，这不仅影响到了公立医院正常运转，也导致薪酬制度改革难以推进，建议有关部门加快推动医疗服务价格改革。

第六，必须积极稳妥深化改革试点和引导医生的合理预期。客观地看，这项改革试点的效果不够理想，一方面是由于试点时间较短，可能成效尚未显现，另一方面，各地都是基于原有事业单位工资制度的框架下推进的，突破和创新性的举措不多。稳妥起见，建议不要忙于扩大试点，应组织力量对现有改革措施进行详细评估，完善政策后再推开，同时要进一步解放思想，给予地方更大试点自主权。要加大正面宣传力度，引导医务人员客观看待国际经验、深刻理解国情现状，对诸如“医生收入应该是社会平均工资 3—5 倍”的提法应该“降降温”，推动形成合理预期，避免对改革成效产生不切实际的过高期待。

家庭医生签约服务为什么“叫好不叫座”

——家庭医生签约服务调研报告（上）

王汉章　王敏瑶

家庭医生签约服务是对群众就医行为、医生执业方式作出的一项新的制度设计，也是缓解人民群众看病难、看病贵的重要举措。2016年5月，国家启动实施家庭医生签约服务改革试点，2017年底，全国签约服务覆盖5亿城乡居民。近日，我们赴安徽省铜陵市和江苏省淮安市进行调研，走访了8所社区卫生服务中心（站）、乡镇卫生院、村卫生室，与30多名家庭医生进行了座谈，随机询问了一些居民签约服务情况。总的印象是，各方面对国家实施家庭医生签约服务期望很高，各地推进改革积极主动，推出了不少创新性举措；同时也感觉到大家对改革认识、政策把握、制度设计等方面有着不同的看法和理解，特别是有的地方工作做得不实、急于求成，导致实施成效打了折扣，群众获得感不明显，亟须加以解决。现将有关情况报告如下：

从实地调研看，家庭医生签约服务取得了积极进展。一是各地根据不同人群健康需求提供不同的服务内容。安徽铜陵市对签约居民设计了免费签约服务包，还针对老年人、慢性病患者等重点人群推出了初级、中级、高级三种有偿服务包，为他们提供血尿酸检测、B超、癌胚抗原等体检以及开展家庭随访等服务。江苏专门建立了家庭医生签约健康服务项目库，包括儿童、孕产妇、65岁以上老人、慢性病患者、残疾人等12大类签约服务项目，允许各地因地制宜，选取制定项目服务包。二是签约覆盖率稳步提高。2017年安徽铜陵市一般人群签约覆盖率达到39.3%，重点人群达到了66.3%，其所辖的义安区一般人群签约率更是达到98.6%。江苏淮安市一般人群签约率为55%，重点人群签约率75%。三是签约居民得到了一定的实惠。安徽铜陵市义安区通过签约服务发现高血压和糖尿病112人，消化呼吸道疾病82人，早期肿瘤3人，做到了疾病的早发现、早治疗。江苏淮安一些社区对癌症晚期、高龄失能等签约人群，开展上门更换尿管胃管、褥疮护理、康复理疗等服务，深受群众欢迎。

客观地说，在一年多的时间内，家庭医生签约服务制度建设取得如此大的进展和成效，实属不易。尽管如此，社会舆论对此却有诸多议论或争议，特别是2017年底，有关部门发布我国5亿城乡居民有了家庭医生，引发了不少质疑。通过调研，我们感觉主要存在以下六方面的问题：

第一，签约不规范，签约覆盖率存在一定的“水分”。2016年国家印发了《关于推进家庭医生签约服务的指导意见》，提出了年底前家庭医生签约服务覆盖率达到30%以上、重点人群签约服务覆盖率达到60%以上的目标。为了赶进度，一些地方层层分解指标任务，并把完成情况与公共卫生服务经费下拨、地方财政补助以及医保支付等考核挂钩。有的基层卫生机构就把辖区内的居民分片包干到签约医生或团队，进行划片签约、摊派签约；有的以家庭为单位签约，一人签字、全家签约。当然，也不乏假签约情况。我们询问一些在基层医疗卫生机构就诊的居民，有的根本不知道这项改革，有的虽然知道个大概，但一问谁是他们的家庭医生，都一脸茫然。随机查阅了部分家庭医生签约服务协议书，发现一些有明显代填、代签的痕迹。这种为了签约而签约，导致老百姓获得感不高。

第二，签约激励和约束机制尚未建立，签与不签在就医方式和服务模式上没有实质性差别。家庭医生签约服务需要建立新机制，让医生主动做，居民愿意签。从实际效果看，这两方面的积极性都没有有效调动。对于家庭医生而言，从任务分配到激励机制都没有脱离“大锅饭”的旧思路。签约任务是划片包干的，居民没有选择，签约医生之间没有竞争；签约服务费首先纳入医疗机构收入的大盘子里，再根据考核情况予以分配。签约医生普遍反映，和签约前相比，他们的收入确实有了提升，但大家都一样，与签约服务人群的多少没有多大关系，签多签少一个样。医生缺乏动力通过优质服务吸引更多居民签约。在一些社区机构公示的签约团队信息栏中，我们发现有的一个签约医生团队多达 10 人，连做 B 超检查和生化检验等人员都被纳入进来。查问原因得知，这样做是为了让大家都能从签约服务改革中“分得一杯羹”。对于不少签约居民而言，签与不签得到的服务几乎也一样。比如，两地提供的免费签约服务包，实际上就是国家免费提供的 14 类基本公共卫生服务项目，不签的居民同样得到这些服务。再就是居民在基层看病就医方式与以前也没有根本区别，“基层首诊”缺乏实质性的引导约束手段，多数居民还是越过基层直接到大医院就诊，家庭医生成了摆设；有的虽然到基层就诊，但不是找签约的医生，还是挂号排队，谁当班找谁看。签约只是写在纸上、挂在墙上、流于形式。

第三，签约以健康体检为诱导，有的地方签约服务变质变味。推动这项改革的目的是为城乡居民提供全程的健康服务，但从实践看，有的地方把开展健康体检作为重点。铜陵市为老年人设计的家庭医生签约服务有初级包、中级包、高级包，不同的服务包主要区别就是体检项目的不同。比如初级包服务有双肾B超、血尿酸等检查项目，中级包增加了中医适宜技术，高级包又增加了癌胚抗原和甲胎蛋白。每个包费用除了政府财政补助及医疗机构减免外，个人还需要分别自付20元、50元、110元。江苏省确定的服务项目库内容丰富，但基层仍主要是选择体检项目纳入服务包中，因为相比较医疗服务，体检项目易于提供、感受直接，主要是能收取一定的费用。比如淮安市推出了10种服务包，根据体检项目多少，最低收费100元，最高收费300元。调研中我们也感受到，老百姓提到签约服务说得最多的就是花了多少钱、做了哪些体检。为群众开展健康体检本身是一件好事，但打着签约服务的旗号做这项工作，可能会让老百姓认为家庭医生签约服务就是体检、就是收费，有违改革初衷。而且通过体检诱导签约，也影响了家庭医生制度建设的长远发展。一些医生就反映，有的居民今年做体检就来签，第二年不做了，就不再续签了，签约服务变成了一锤子买卖。

第四，签约配套政策不完善，使改革成效打了折扣。主要集中在三个方面：一是药品配备种类不能满足签约居民的需求。基层医疗卫生机构的负责人介绍：根据规定，社区卫生服务中心和乡镇卫生院的用药种类只有1200种，但实际配到位的也就是400多种，一些常见病、多发病患者到基层就诊，但买不到药。特别是一些慢性病患者从大医院转到基层后，用药无法与大医院衔接，对此患者意见很大。二是基层信息化建设滞后，难以适应家庭医生签约服务要求。特别是大医院没有与基层医疗机构有效对接，信息不能互联互通，一些健康信息和检验检查结果无法共享，基层掌握不了大医院的诊疗情况，很难为签约居民提供便捷的转诊服务。三是医保对签约服务的约束和引导发挥不够，在医保报销、起付线设置等方面，没有向签约居民倾斜。

第五，签约服务进展不平衡，群体间对改革的感受差异较大。按照要求，签约服务先从老年人、慢性病患者做起，然后向一般人群扩展。应当说，改革起步阶段，这种实施路径和策略是对的，但客观上也造成了年轻居民和健康群体没有多少获得感。而在舆情反映中，真正获得实惠的老年人、慢性病患者发声不多，签约感受不深或没有参与的年轻人却成为舆论主流，在一定程度上也导致了改革成效与网络舆情的巨大“反差”。

第六，签约服务宣传不到位，抬高了社会的预期。地方的同志反映，现在社会各方面对家庭医生定位模糊不清，新闻媒体宣传过于概念化，特别是对国外家庭医生的职能和作用存在一些似是而非的解读。比如，把家庭医生定义为家庭随叫随到的私人医生，把全科医生等同于“万能医生”，甚至包治百病，导致群众对家庭医生签约服务期望过高，一旦发现现实中家庭医生提供的服务达不到预期，就会产生强烈落差感，甚至质疑改革的必要性和可行性。

推进家庭医生签约服务制度建设的几点思考

——家庭医生签约服务调研报告（中）

王汉章　王敏瑶

家庭医生签约服务被世界卫生组织誉为“最经济、最适宜”的医疗卫生保健服务模式。世界上大多数国家已经建立了这项制度，特别是欧美发达国家，把家庭医生制度作为国家基本医疗卫生制度的重要支柱。我国是一个拥有 13 亿多人口的大国，要有效缓解看病难看病贵，实现人人病有所医目标，必须加快建立家庭医生签约服务制度。从基层调研情况看，各方对改革方向认同、目标基本一致，但对家庭医生制度建设的理解和把握方面仍存在较大差异，影响了改革的持续推进，成为当前亟待解决的一项迫切任务。

一、关于怎样看待家庭医生在解决人民群众看病就医中的地位和作用

一提到家庭医生，不少人会与保健医生、私人医生相提并论。

健康时报问卷调查显示，50%以上的城乡居民把家庭医生与私人医生画等号。这实际上是对家庭医生的一种误解。到底什么是家庭医生，能提供怎样的服务？从国际实践看，家庭医生的主要作用概括起来就是“情、全、便、廉”。

“情”就是在居民与医生之间建立长久的健康情感纽带。美国医学大师特鲁多在对待医患关系方面曾经说过，总是去关心，常常去帮助，有时去诊疗。家庭医生主要精力和时间是关心关注签约居民的身心健康，把健康服务融入每个家庭，做好他们健康的“守护者”。“全”就是提供全程、全生命周期的健康服务。在调研中，有的地方建议给家庭医生团队配备中医师、营养师、康复师、心理师，甚至社会工作者，把家庭医生当作一个小而全的综合医院。这显然超出了家庭医生的功能定位。即使欧美国家的家庭医生也只是提供疾病筛查、上转预约、下转康复等服务。我们认为，当前情况下，我国家庭医生的作用就是无病搞预防、小病当医生、大病向上转、康复接回家，为每个签约居民搞好全流程、无缝隙的健康管理服务。“便”，就是要方便群众、便民惠民。我们曾经访问过美国一家华人医生开的个体诊所，他说在国外当家庭医生必须24小时提供看病服务，即使深夜也要随叫随到。签约医生很辛苦，但签约的居民看病就医很方便。家庭医生为签约居民提供的方便还体现在，对每家大医院服务特色、每个医生治疗专长比较熟悉，可以很快为患者找到合适的医院和医生，确保疾病第一时间得到救治，避免患者到医院东跑西撞。“廉”，就是家庭医生看病很便宜，平时有个伤风感冒等小病，电话咨询或找家庭医生处理一下就可以了。调研中，有的人说，2017年底各地爆发的流感疫情，如果把家庭医生制度建好了，这些小病就可以在基层解决，大医院就不会人满为患，老百姓也就能少跑冤枉路、少花冤枉钱。

二、关于基层医务人员医疗水平能不能担负起家庭医生签约服务的责任和使命

这是当前各方最为关心的问题，也是质疑这项改革的主要原因。不少人认为，欧美等国家全科医生队伍建设比较强，医疗服务水平比较高，实行家庭医生制度是可以的，反观我国无论是全科医生的数量还是基层医疗卫生服务发展水平都存在较大的差距，难以堪当城乡居民健康“守门人”的大任。实际上，任何国家要实行家庭医生制度，都存在一个低水平起步，在发展中不断完善的过程。在制度建设初期，基层执业的医生水平比较低，医疗设备非常简陋，药品配备也很少，只能开展相对简单的疾病诊疗，老百姓信任度不高，后来通过医保政策的引导约束或立法强制，才逐步把这项制度给建起来。我国改革开放以前，农村村医、学校校医、企业厂医以及机关门诊部发挥的作用与正在推进的家庭医生签约服务有相似之处，除了帮助居民诊治一些小病外，还负责转诊服务，没有他们的批准是不能到大医院看病的。与当时的条件相比，目前我国基层医疗卫生软硬件水平都有了跨越式发展，特别是新医改以来，乡村医疗卫生机构、城市社区卫生服务中心（站）的网底作用进一步加强，下一步将通过医联体等举措将优质医疗资源引向基层，“互联网 + 医疗健康”进一步扩大了优质资源覆盖面。应当相信，基层广大医务人员有能力撑起家庭医生签约服务制度建设、服务好城乡居民健康的重大责任。还要看到，基层与大医院之间的水平差异将长期存在，而基层的优势在于贴近居民、了解需求、服务周到细致，这恰恰是群众最需要的。我们在调研中发现，只要把服务做好了、做实了，就可以弥补医疗

技术不足的短板，赢得居民的信赖和欢迎。

三、关于家庭医生制度建设与强基层的关系

在与有关部门座谈时，有人就说，现在基层服务水平低，老百姓不信任，等把基层强起来，再推进这项工作也不迟。应当说，持这种观点的人不在少数。我们认为，家庭医生签约服务制度建设和强基层是一枚硬币的两面，不可分割、相辅相成，必须协同推进。新医改旗帜鲜明提出了“强基层”的政策导向，是符合我国国情的正确选择。近年来，国家在基层软硬件建设方面下了很大功夫，政策不少、投入不小，但从调研看，效果却不尽如人意。硬件大大改善了，但软件提高不明显，特别是人才流失现象比较严重，与大医院的差距不是缩小了，而是拉大了。这其中确实有大医院扩张带来的虹吸效应，也与农村交通设施改善、老百姓看病都向大医院涌有关，其实还有一个重要原因，就是基层就医的人少了，很难培育出好医生，也很难留住好医生。医学是实践科学，全科医生是培养出来的，更是练出来的。如果不能有好的事业发展空间，靠待遇留人、感情留人往往是空谈。我们在调研中看到，有的乡镇卫生院相当冷清，医务人员甚至比患者还多，医生整天待着无事干，失去了施展才华的舞台，只好走人。多年来，有关部门推进大医院医生下基层，但专家们到了下面，前来就诊的人很少，很难有大的作为。要真正做到“强基层”，首先要促进居民看病就医首诊基层，病人增加了，执业医生水平就会提高，待遇自然得到改善，也就会吸引更多的医生到基层执业，形成基层首诊与服务能力提升的良性互动。由此看，家庭医生签约服务制度建设是强基层的必然选择。

四、关于家庭医生签约服务的体制机制创新问题

从调研看，各地推动家庭医生签约服务把工作重点都放在了动员居民签订服务协议书上，好像协议一签，制度就建起来了。家庭医生签约服务作为一项新的制度设计，不仅涉及政府、居民、医疗机构、医务人员等多方面利益的调整，还涉及各方思想观念和行为习惯的转变，仅靠“一纸协议”是解决不了问题的，必须深化改革，在建机制上下更大功夫。对于签约居民而言，要实现从“自由就医”到“基层首诊”的转变，需要建立以医保付费方式改革为重点的激励约束机制，对签约并到基层首诊的居民给予报销方面的倾斜，让居民感到签与不签不一样。对于医务人员而言，需要构建以签约服务为导向的收入分配和绩效考核机制，特别要跳出以机构为中心提供服务的思维定式，在机制设计中更加突出家庭医生的主体地位，让医生感到签多签少不一样、服务好坏不一样。对于医疗机构而言，要实现从“争抢病源”到“上下联动”的转变，需要建立促进各级各类医疗机构分工协作机制，协调好各方利益，引导优质资源下沉。对于政府而言，要实现从“办机构”到“买服务”的转变，需要完善购买服务机制，推动基层医疗卫生机构举办主体的多样化，形成良性竞争的市场环境。总之，只有把这一系列机制给建起来了，家庭医生签约服务制度才能行稳致远。

此外，还要看到，家庭医生签约服务制度建设，对培养全社会的健康意识和契约精神将产生积极影响。居民签约既可以获得多方面的公共卫生和基本医疗服务，但也意味着自身需要承担起相应健康责任，服从家庭医生的健康管理，改变就医行为，培养良好健康习惯，有利于贯彻落实大健康大卫生的理念，切实做到

“自己是健康的第一责任人”。同时，家庭医生签约服务还可以提升医务人员服务意识，需要转变执业观念和方式，逐步实现从“社区医生”到“家庭医生”的角色转变，从“坐堂行医”到“上门诊治”的服务转变，从“以治病为中心”到“以健康为中心”的理念转变。

关于推动家庭医生签约服务落地见效的建议

——家庭医生签约服务调研报告（下）

王汉章　王敏瑶

把人民的健康福祉与家庭医生通过契约的方式紧密结合在一起，这在中国历史上还是第一次，要把这项改革做实办好，让群众有实实在在的获得感，必须拿出更多的实招硬招。为此提出以下八条建议：

一、尽快制定家庭医生签约服务标准规范

家庭医生签约服务启动实施已近两年，实践中有成功经验，但存在的问题也不少。地方对改革政策理解各异，开展服务项目五花八门，执业缺少一定的规范，收费也缺乏统一的标准。有的为了吸引居民签约，作出了不切实际的承诺，吊高了群众胃口。这些问题影响到改革的持续推进。建议组织开展“签约两年回头看”，就服务方式、服务内容、服务收费、家庭医生管理等政策进行系统梳理评估，在此基础上制定出台家庭医生执业标准和签

约服务规范，切实加强对地方指导。

二、合理设定签约服务目标任务

家庭医生签约服务作为一项新的制度，涉及人民群众、医务人员以及医疗机构各方利益的调整，涉及观念的转变和习惯的重塑，各方面都需要有一个适应的过程，不能急于求成，不能一蹴而就，如果推进太快，反而不利于制度的健康发展。基层同志拿过去推行新农合的经验说，新农合建设初期，农民积极性也不高，改革步子迈得很小，开始设定的参合目标只有10%左右，后来老百姓从参合中获得好处后，参与改革的积极性就调动起来了，制度也很快在全国推开。同样，如果家庭医生签约服务能够稳扎稳打，赢得群众信任后全面推开就会比较容易。建议今明两年不再对签约覆盖率提出明确的指标要求，地方可以保持2017年的目标任务不变（签约服务人群覆盖率30%、重点人群覆盖率60%）。同时，考虑到一些地方特别是中西部地区的基层医疗卫生机构服务基础条件比较薄弱，综合承受能力有限，应允许他们因地制宜制定改革的目标任务，不搞一刀切。当前工作重点是完善政策，做实签约，提高签约服务质量，以改革的实效赢得人民群众的认可和支持。

三、下决心改革基层医疗卫生机构收入分配机制

建立家庭医生签约服务制度，群众是重心，医方是关键，如果不把基层医务人员的积极性调动起来，签约服务就会“空转”。从国际上看，调动家庭医生积极性最基本的做法就是把其收入与签约居民数量和服务质量挂钩，技术水平高、服务态度好，签约的人就多，收入也就高，真正体现医务人员的技术劳务价值。我们现在基层医疗卫生机构大都是公益一类事业单位，分配办法与

新的制度建设明显不协调。推进家庭医生制度，调动医务人员积极性，必须突破分配机制改革这个“拦路虎”。建议按照“稳住存量、改革增量”的原则，保持参加签约服务的家庭医生基本工资不变，绩效工资主要从签约经费中获得，推动开展签约服务竞争，让签约居民“用脚投票”，促进医务人员由过去的“要我干”变成“我要干”。

四、充分发挥好基本医保对签约服务的激励约束作用

凡是实行全民医保制度的国家，推进家庭医生签约服务，医保都是“唱主角”。有的通过拉开报销比例，签约居民基层首诊的，转诊到大医院看病的报销比例就高，反之就低；有的直接规定，没有家庭医生的转诊许可，住院费用不予报销；有的甚至没有基层首诊，大医院根本不予接收。这样做的好处是把预防关口前移基层、居民就诊留在基层、小病治疗放在基层，可以节省大量的医保基金，使基金运行更加安全，也优化了就医秩序。医保不仅对患者就医行为进行管理，还对家庭医生签约服务进行激励约束。主要是从医保基金中拿出一部分“人头费”，根据其签约居民数量进行补偿，调动家庭医生积极性，同时也对其服务质量进行监督。我国医保制度在家庭医生签约服务中尚未发挥应有的作用，既缺乏对签约居民的引导约束，也没有做好对家庭医生的激励监督。建议研究建立基本医保签约服务付费机制，加大对家庭医生签约服务制度建设的支持，同时在住院、门诊费用报销政策上向签约居民倾斜，提升制度的吸引力。

五、切实解决基层药品供应保障问题

大医院和基层用药目录不衔接，特别是一些治疗慢性病的药

物，基层品种有限；还有就是一些药品配送不到位，老百姓不能及时用上药。这些都是老问题，实施家庭医生签约服务后，变得更加突出和尖锐。这些问题不解决，基层强不起来，家庭医生制度也很难建起来。目前不少地方已经探索出了一些行之有效的办法，比如有的在基层建立缺药登记制度，有的基层医疗卫生机构帮助代购，深受基层群众欢迎。建议有关部门总结各地做法，有针对性地拿出解决举措。

六、“五个一批”解决家庭医生不足不强问题

随着家庭医生签约服务制度建设的稳步推进，对基层医务人员的数量和质量都提出了更高的要求。现在，一些基层医疗卫生机构和医务人员明显感觉压力很大、力不从心。解决这个问题迫在眉睫，建议从以下五个方面综合施策：一是加快培养一批全科医生，今后高校新增临床医学专业要重点向全科医学倾斜。二是转岗培训一批，重点加强现有基层医务人员转岗培训，使其适应家庭医生签约服务的需要。三是退休医师返聘一批。据了解，现在基层有一大批退休的医务人员，他们有着丰富的临床经验，完全可以胜任家庭医生签约服务。建议研究出台政策鼓励退休医师投身到家庭医生制度建设中去，充实基层服务力量。四是多点执业支持一批。大医院专家参与家庭医生团队，是提升基层医务人员服务能力、赢得签约群众信任的重要举措，要进一步解放思想，出台优惠政策，支持和鼓励他们下基层。五是鼓励社会力量参与一批。这次在安徽某市调研，我们看到，参与签约服务的基层医疗卫生机构有政府办的，也有企业办的，还有民营诊所，政府一视同仁购买服务，彼此间既合作又竞争，呈现出多元化发展的新格局。建议总结地方经验做法，研究制定鼓励社会力量参与家庭

医生签约服务的政策举措。

七、下大力气补齐基层卫生健康信息化建设短板

卫生健康信息化是强基层的重要举措，对推进家庭医生制度建设也会如虎添翼。从调研看，基层卫生健康信息化既有基础设施建设滞后问题，也有信息资源共享问题，后者更为突出，大家反映最为强烈。一些家庭医生说，不少患者上转到大医院后就没了踪影，即使转下来也不能看到患者在大医院的诊疗情况，影响了后续的康复治疗和健康管理。问题的症结是国家层面缺乏顶层设计，缺少统一的标准和规范，各级各类医疗机构之间无法互联互通。基层同志说，现在国家推进“互联网＋医疗健康”，如果不解决数据标准化问题，各地各个医疗机构仍然各干各的，建好了仍是个“孤岛”。因此，建议有关部门就卫生健康信息化建设做好统筹规划，推动健康数据标准化、规范化，破除信息壁垒，促进互联互通。

八、完善基层医疗卫生机构的功能定位

基层医疗卫生机构是实施家庭医生签约服务制度的重要平台和支撑。据了解，新一轮医改后，强化了基层的公共卫生服务功能，基本医疗服务功能明显弱化。现在不少乡镇卫生院和社区卫生服务中心连一些基本的手术治疗比如阑尾炎、产科、骨折、外伤处理等都不能开展。签约的居民尤其是年龄较轻的群体看到基层连这些小病都治不了，就失去了对家庭医生的信任。建议适应家庭医生签约服务制度建设的新要求，重新研究制定基层医疗卫生机构功能定位，逐步放开一些安全性高、基层适宜承担的手术项目，为基层首诊创造好的条件。

关于加强罕见病健康保障的建议

王汉章

罕见病又称“孤儿病”，发病率低，但病情重、费用高、危害大，一旦患病，几乎终身难治，是“大病”中的“大病”，给患者及家庭不仅带来身体、精神的创痛，还要承受极其沉重的经济负担。罕见病不单纯是医学问题，也是社会问题，亟待采取有力措施保障罕见病患者的健康福祉，彰显社会大爱和人间正道。

一、我国罕见病健康保障面临的问题

近年来，随着人们健康意识不断提升，罕见病越来越受到社会关注，特别是 2014 年，为激发公众对“渐冻人”罕见病捐款，美国一些名流富人掀起了一场风靡全球的“冰桶大战”，唤起了我国公众对罕见病的关注热度。由此，罕见病的健康保障问题也逐渐被暴露出来。

一是数量规模庞大。罕见病虽然单个病种发病率较低，但是种类繁多，国际上确认的罕见病种类有 7000 多种，约占人类疾病的 10%。由于我国人口规模大，临床上的患者并不“罕见”。世界卫生组织认为，单种疾病发病人数占总人口0.65‰—1‰的疾病就是罕见病。按照这个标准测算，我国罕见病患者总人数近2000万，是世界上发病人数最多的国家。

二是发病低龄化。80%的罕见病是由于遗传缺陷引起，相比成人，儿童发病率更大，人数更多。像“瓷娃娃”“月亮孩子”“不食人间烟火”等疾病，其“动听”名字背后却代表着被病魔折磨的一个又一个患儿。近年来，全面实施两孩政策后，幼儿罕见病发病情况更为严峻。据估计，我国每年新出生罕见病患儿超过20万。

三是缺医少药。罕见病患者从确诊到治疗，要比普通病人难上百倍。一些专家说，不少罕见病只能在北京、上海以及部分省会城市大医院才能检查。基层医院缺乏专业医疗团队和特殊的检查技术，很难识别和开展罕见病诊疗服务，有些疾病，有的医生从来就没听过见过。不少农村患儿奔波各地寻医问诊，跑断了腿、花光了钱，也耽误了治疗。对于罕见病，懂的医生少，用于治疗的药物更少。罕见病药物研发费用昂贵、风险巨大、市场需求量小，多数制药企业不愿进行开发。目前，全球7000多种罕见病，有特异性治疗作用的药物400—500种，没有一种是国内研发，都得依靠进口。进口的药品种类也很少，不到20%。许多疾病国内无药可治，只能通过非正规渠道从国外购药。比如，广东一严重酸中毒和脑损伤的患儿，治疗药物国内没有，只能委托朋友从德国带药，德国到广东的航线成为患者唯一的生命线。现在，不少患者通过网络从国外购药，给非法制售假药提供了土壤。最近，国内宣判的多起制售假药大案，多数是罕用药。

四是看病就医负担沉重。罕见病需要长期治疗和服药，治疗费用高昂。世界上首个用于治疗罕见病C型尼曼匹克病的药物，据称以全球最低价在中国上市，这个“最低价”一年也要30万元。

一种戈谢病，一年治疗费用高达300万。罕见病有效治疗药物大都不在医保报销范围，治疗费用实际报销比例只有10%。高昂的治疗费用，大多数患者家庭无力支付，有的干脆放弃治疗，成为家庭之痛、社会之殇。

二、国际上应对罕见病的主要做法

罕见病虽然发病人数较少，但多为少儿，是最为弱势的群体，最容易引发社会同情，不少国家和地区特别是西方发达国家格外重视保障他们的健康福祉，施予特殊的政策和特殊的保障。

（一）为罕见病群体制定专门的法律制度。日本20世纪70年代就制定出台了罕见病用药的相关法案，是最早对罕见病进行立法的国家。美国1983年制定《孤儿药物法案》，2002年通过了《罕见病法案》，并成立专门的罕见病管理组织。欧盟所有成员国都有相应的法律制度。我国台湾地区于2000年也颁布了《罕见病防治及药物法》。目前世界上为罕见病单独立法的国家和地区超过40个。

（二）对罕用药研发实行独特的优惠政策。罕见病药品研发成本很高，是一般药品的25倍，很多药企望而却步。对罕见病药品研发，不少国家都给予很大的扶持力度。一是给予市场独占期，也就是说，药品生产企业开发出新药上市，就不再批准其他类似药品上市销售，留给制药企业独有的市场空间。澳大利亚罕见病药品市场独占期为5年，美国是7年，欧盟、日本是10年。二是给予研发资助。美国设立专项孤儿药研发基金，在药品临床试验费用支出方面给予减税，减免费用超过50%。日本对从事罕见病药品研发的企业，财政补助研发经费超过50%。三是实施特殊的审批政策。美国一般药品审批需要10个月，而罕用药6个月即可完成，同时，在临床试验要求上也比一般药品宽松。这些优惠政策，促进了制药企业投身罕用药研发的积极性，还带动了整个生物科技的快速发展。美国在实施优惠政策前，上市的罕用药不到10种，实施后每年获得罕用药资格认证的产品数平均以76%的速度上升。

（三）加大罕用药价格管制。治疗罕见病费用高昂，高就高在用药上，所以，大多数国家对一般药品遵循市场机制定价，但对罕用药价格却采取严格的干预和管控。日本通过与罕用药商协商，明确要求药价不得高于其他药品价格；英国如认为罕用药药商利润超过40%，强制降价，并将高出规定药品利润收回；加拿大罕用药价格视所属归类而定，政府如认为药价过高，就约谈制药企业；法国政府根据新罕用药第一年预估销售额与实际销售额的差距，决定是否要求药商降价。这些措施确保了罕见病患者用得起药、用得上药。

（四）建立多层次保障体系。多数患者需要终身治疗，看病就医的费用基本医保很难兜底，必须要有额外的保障。多数国家主要是为罕见病患者建立商业健康保险，形成基本医保和商业健康保险“双保障”。加拿大、法国、美国等国在“双保障”基础上，还把罕见病患者纳入弱势群体进行管理，享有就业就学、生活照顾、住院治疗等多种保障待遇，对低收入家庭罕见病患者，使用的药物及维持生命所需的特殊营养食品费用，给予全额报销。俄罗斯对7种罕见病集中免费治疗。我国台湾地区《全民健康保险法》规定，只要医师诊断确认是政府公告的罕见病，可免除部分治疗费用，如果患者使用的是卫生部门规定的罕用药，健康保险全部支付。

三、加强我国罕见病健康保障的建议

罕见病是全球性重大公共卫生问题，关心关爱罕见病患者，保障其健康福祉，不仅代表一个国家的医学发展水平，也是社会文明进步的标志。我国是罕见病发病人数最多的国家，加快建立罕见病治疗和管理制度体系势在必行。

一是尽快明确罕见病的标准和范围。管控罕见病首先要有标准和定义。不同国家因人口数量、经济发展水平以及疾病谱的特点，对罕见病认定的标准是不同的。美国规定发病率小于千分之一的疾病皆属于罕见疾病，欧盟是万分之五，日本、韩国为万分之四。我国至今没有罕见病的统一认定标准。由于缺乏标准，一方面，我国罕见病的底数到底有多少，没有人说得清楚，另一方面，无法研究制定针对罕见病预防、药品研发、医保报销、医疗救助等政策措施。建议有关部门尽快组织开展罕见病基础研究，提出我国罕见病的判定标准，为国家制定防控策略提供依据。

二是抓紧制定鼓励扶持罕用药研发的政策措施。罕用药是未来医药领域发展的重要方向，特别是罕用药研发取得重大突破，不仅对罕见病患者是个福音，还会引领生物科技走向新的繁荣。不少专家说，罕用药研发过程，会衍生出一大批意想不到的新药发明创造。欧美制药业能够独步全球，与罕用药扶持政策密不可分。我国药品创新能力不强，缺的不是人才和技术，缺的是政策引导，或者是引导力度不够。从国际经验看，鼓励新药研发，需要政策“组合拳”。建议国家筛选一些发病人数多、危害程度大的罕见病，设立重大科技攻关专项，进行药品研发的集中攻关；同时在税收减免、管理使用、审评审批等方面给予更大的扶持力度，调动制药企业投入研制新药的积极性。

三是关口前移做好罕见病防控。早期发现、早期干预，是降低罕见病发病率的最佳途径。过去我国对婚前、孕前检查是强制的，有效避免了遗传性罕见病的发生，现在采取自愿措施，罕见病发生的风险明显增多。再就是全面实施两孩政策，高龄产妇增多，也加大了罕见病的发生率。建议有关部门全面加强罕见病知识的宣传普及，采取有效措施鼓励和引导居民实施婚前、孕前筛查，产前筛查和产前诊断，以及新生儿筛查等预防措施，从源头上减少罕见病发生。同时，要加强基层医务人员罕见病诊疗技术培训，尽量避免因误诊漏诊延误干预治疗时机。

四是健全罕见病的保障机制。罕见病治疗费用高昂，是大病中的大病，需要建立多重保障机制。目前，我国建立的全民基本医保和大病保险制度，其医保目录几乎将罕用药都排除在外，既加重了患者看病负担，也影响罕用药的研发创新。实际上，我国市场上供应的罕用药种类数量较少，不到100种，上海、浙江、宁夏以及青岛等地已经开始将其纳入保障范围。建议尽快开展对罕用药使用效果及其经济学评估，从国家层面加大谈判采购力度，加强价格管控，逐步将其纳入大病保障范围，让更多的罕见病患者获益。从全球看，商业健康保险制度是解决罕见病患者看病就医负担最有效的手段，特别是需要长期甚至终身治疗的罕见疾病，要抓紧研究，尽快把这一制度给建起来。此外，社会捐赠是救助罕见病患者的一支重要力量。我国已有20家罕见病慈善基金会，在帮助罕见病患者走出困境方面发挥了重要作用。要采取宣传引导和更加优惠的税收政策，动员全社会关心关爱和帮助罕见病患者。

关于加快建立药品职业化检查员制度的建议

李钊

药品安全直接关系人民生命健康，必须实行最严格的监管。鉴于药品（包括医疗器械、化妆品等）安全的极端重要性，国内外普遍采取审、查、验“三位一体”综合监管模式，除事前审评审批和事后稽查检验外，严格的事中现场检查是直接有效、不可或缺的监管手段，对保障药品安全具有关键作用。

在实践中，主要发达国家均设立职业化检查员队伍，专职从事药品研发、生产、经营、使用过程的现场检查工作。我国在这方面起步较晚，近年来原食药监管部门和有关地方进行了积极探索，取得了较好效果，但也遇到一些困难和制约，现场检查仍是我国药品监管体系中的薄弱环节。

一是专职人员数量严重不足。我国药品医疗器械生产企业近3.4万家、经营销售企业80余万家，化妆品生产企业4700多家，此外还有大量涉及进口的境外检查任务。而全国有资质的食品药品检查员总共不到1000人，且大多为兼职人员，国家层面仅80人。

二是专业检查能力有待提升。药品现场检查对检查员的技术性、专业性要求极高，例如日本要求药品检查员必须具有医药学等相关专业硕士学位，至少5年以上药品医疗器械生产质量管理规范（GMP）、品质管理、临床试验等相关工作经验。目前我国食品药品检查员队伍是专兼结合、兼职为主，即便能力水平最高的国家级检查员中兼职比例也高达93.6%。兼职人员来自技术机构、大专院校甚至政府机关，技能和经验普遍不足，培训和工作时间得不到有效保障。

三是现有人员队伍稳定性差。目前，药品检查员管理制度和考评机制不健全，履职风险防控难度大。职级晋升通道不畅，薪酬待遇与履职责任、工作强度不匹配，难以吸引和留住优秀现场检查人才。部门反映，一名合格的检查员要经过多年的系统培养，精通专业、熟知法规，还有丰富的实践经验，是企业眼中的“香饽饽”。近年来，很多业务骨干被企业以几倍甚至几十倍的工资高薪挖走。随着药品监管机构设置到省一级，原来属于市县的检查员队伍也面临着进一步流失的风险。

当前，我国药品行业处于高速发展阶段，产业体量大、集中度低，企业数量众多、规模偏小，质量安全意识和管理水平良莠不齐，擅自改变工艺、掺杂使假、以次充好，未做过临床有效性科学对照试验，或临床试验的科学性存在差距等问题依然突出。由于存在严重的信息不对称，以及药品自身的特殊性，这些问题通过事前审批和事后检测往往无法得到有效解决，可能产生重大质量安全隐患。加强基于风险管理的事中检查，可以推动现有监管方式逐步由“终端产品检验为主”向“生产现场检查为主”转变，有效督促企业落实质量安全主体责任，保障生产过程严格合规，及时发现并处置风险隐患，努力做到防患于未然。

对此，我们建议加快建立药品职业化检查员制度，尽快补齐现场检查环节短板，从根本上解决没人查、不会查、不愿查等问题，进一步完善我国药品检查、检验、稽查有效衔接的现代化综合监管体系，更好维护人民群众用药安全。

一是健全体制机制保障。建议结合本次深化机构改革部署，依托现有工作机构，在国家和省级层面设立负责药品医疗器械检查的专职队伍，明确国家层面管研发、国家和省级共同管生产、市县管经营的检查事权划分。省级药品医疗器械检查员可直接划归改革后的省级药品监管部门，并探索在产业集中地区设立派驻办公室，实施就近管理。建立全国检查员统筹调配、上下联动机制，上级部门根据工作需要，可调配使用下级部门的检查员，下级部门在工作中遇到复杂疑难问题，也可申请上级部门派出检查员现场指导。

二是充实人员力量配置。根据产业规模、检查事权及检查任务，科学测算国家级和省级检查员队伍规模，配备满足检查工作要求的检查员。近期，可以通过将有资质的内部人员直接划转、相关专业人员培训考核、公开招考录用等多种渠道，积极稳妥解决职业检查员来源问题，逐步建立一支与我国药品产业规模相适应，以专职检查员为主体、兼职检查员为补充的职业化检查员队伍。建议尽快研究解决职业化检查员身份性质问题，便于队伍统一管理和长远发展。有关地方和部门应在人员编制、经费等方面给予支持。

三是打通职业发展通道。没有合格的检查员就难以履行维护公众健康的职责，没有合适的待遇就难以吸引高素质检查员，也难以把检查员留在监管一线。建议结合药品监管工作特殊性，探索建立专职检查员技术职务序列，按照岗位职责、专业水平、业务能力、工作资历、工作实绩等实行分级管理，给予相应专业技术职务、职称和薪酬待遇，使检查员具有稳定的成长空间和晋升通道。在执行国家规定的工资制度基础上，建立体现现场检查专业性、技术性的工资和津贴制度，提高检查人员收入待遇，形成少数人留在办公室、多数人工作在一线的工作格局。

四是加强检查员队伍管理。检查工作机制、人员队伍素质直接关系检查工作水平，关系监管工作成效。要建立健全职业化检查员教育培训、考核管理、纪律要求等制度规范，严格资质准入和日常管理。完善现场检查工作制度程序，制定检查员权力清单和责任清单，明确检查员工作职责，强化纪律约束和履职监督，提升管理科学化、制度化、规范化水平，充分发挥职业化检查员在保障药品安全中的骨干作用。

以机构改革为契机
加快医保经办职能转变

王敏瑶

经办体系是全民医保制度的重要组成部分，医保基金的筹集与支付、医保相关参与方的激励与约束，都离不开经办体系的有力支撑。当前，我国基本医保已由提标扩面的外延式发展阶段转入提质增效的内涵式发展阶段，医保部门不再是被动买单，而要成为更加积极的“购买者”、更加主动的“管理者”，在确定购买内容、服务提供者、购买方式等方面主动作为，进一步发挥其在提升基金绩效、引导就医行为、规范医疗服务、控制医疗费用等方面的重要作用，与之相适应，经办机构也不再是简单的“会计”“出纳”角色。近日，我们围绕推动医保经办机构职能转变、更好发挥其作用作了深入思考和比较研究，认为加快经办体系改革的时机成熟、条件具备，要在政府主导的同时调动市场积极性，促进经办体系更加适应全民医保制度发展要求。

一、我国基本医保经办体系的现状

伴随着基本医保制度的建立健全，我国医保经办体系经历了从无到有、从小到大的过程。1998年，我国开始建立城镇职工医疗保险制度，明确各级社保经办机构负责所在区域基本医疗保险基金的筹集、管理和支付，事业经费由各级财政解决。2003年和2007年，新型农村合作医疗和城镇居民基本医疗保险制度分别启动试点，经办机构相继建立。2011年施行的《社会保险法》规定，社会保险经办机构提供社会保险服务，负责社会保险登记、个人权益记录、社会保险待遇支付等工作，明确了基本医保经办机构的法律地位。目前，覆盖城乡的中央、省、市、县级经办体系初步形成，但机构设置、职能、名称、部门隶属各不相同。有的由同级政府直属，有的由人社或卫生行政部门管理；有的五险合一经办，有的医保独立经办；有的属于参公事业单位，有的是全额拨款事业单位；行政级别也不尽相同，以地级市医保经办机构为例，级别从正处级到正科级都有。总的来看，经办体系存在分割、重复、低效等问题，伴随着全民医保从“有没有”向“好不好”转变，经办体系不适应发展要求的问题进一步凸显，突出体现在人员不足和能力薄弱两个方面。一方面，现有经办机构受到较为严格的编制限制，越到基层直接服务的群众越多、经办人员反而越少，承担现有事务性工作尚且捉襟见肘，做到精细化个性化服务更是困难重重。另一方面，医保经办需要医疗管理、保险精算等多方面专业知识，特别对医疗专业背景的人才需求较大，而很多基层经办人员不具备这些专业能力。

为了补足人手少和能力弱两大短板，近年来，各地在推动医保经办体系改革方面做了不少探索，比较突出的有两种：一是政府购买商业保险公司的经办服务。这种模式的特点是财政向保险公司支付固定比例的管理费，保险公司只承担医疗费用报销手续的受理、审核、汇总等业务，基金运行风险仍由政府承担。二是商业保险公司承办大病保险。这种模式的特点是保险公司承担大病保险基金运行风险，按照收支平衡、保本微利的原则，从基金运营中获取收益，政策性原因带来的亏损可与政府分摊。此外，还有一些模式介于二者之间。这些探索在发挥保险公司的专业优势、放大基本医保保障效应方面发挥了积极作用，但主要面临两方面困难：一方面，保险公司身份“尴尬”。《社会保险法》规定，社会保险基金不得用于支付人员经费、运行费用、管理费用。这导致既有承办模式下保险公司的盈利方式受到争议。另一方面，保险公司能够发挥作用的空间有限。支付标准、支付方式等都是确定好的，保险公司只能通过费用核查挤过度医疗的“水分”，难以真正发挥专业优势。加之保险公司只承办大病医保，基本医保部分的“水分”挤不下去，只靠大病医保发挥控费作用非常有限。

二、完善医保经办体系的国际经验

实行社会医疗保险体制的国家普遍从实际出发，建立了各有特色的经办体系。从经办主体上看，有的由政府直接经办，如加拿大、法国；有的由非营利性机构经办，如德国、日本；有的由商业保险公司经办，如荷兰、美国。从主体间的关系来看，有的国家经办机构间基本不存在竞争，如日本，其经办机构按照行业或企业建立；有的则存在多家竞争，如德国，参保人可自由选择经办机构。从经办方式上看，有政府购买经办服务的，也有风险由保险公司承担的承办模式。以美国老年人医保（Medicare）为例，传统上资金由政府管理，通过招标委托保险公司处理医疗费用审核和偿付等经办服务；近年来引入了一种优惠计划，政府确定必须覆盖的服务，基金交由保险公司运营并承担风险，保险公司通过管理式医疗等手段控制费用、获取利润。虽然经办模式各异，但一些共同特点值得重视。

第一，政府在完善制度体系方面发挥主导作用。经办体系的高效运行离不开科学完备的制度环境。伴随着经办主体的日益多元，政府部门将更多精力放在政策制定和制度完善方面，主要包括：一是建立法定的“基本医疗服务包”，也就是明确医保必须覆盖的项目和服务。美国允许承办的保险公司对“基本医疗服务包”进行扩展，而荷兰禁止保险机构修改“基本医疗服务包”，德国则限定了“基本医疗服务包”修改的范围，荷兰和德国的做法都是将经办机构间的竞争限制在质量和价格方面。二是组织实施支付方式改革。如德国就是在卫生部的统一领导下，发挥行业协会的专业优势，推动实施 DRGs 付费的。三是健全数据标准体系。很多国家都以立法的形式促进数据标准化，如美国的《健康保险携带与责任法案》要求卫生部为电子卫生保健事务、医疗费用电子支付等制定国家标准，促进医保转移接续，提高监管效能，医保基金还对不符合规范的数据报送采取扣减 10% 的医保费用的惩罚。

第二，高度重视参保者权益保护。社会医疗保险是面向全体公民的强制性保险，保护参保者权益的关键是要防止非政府办的经办机构产生“撇奶油”行为，即只愿意承保健康状况较好的群体，这个问题在同时存在多家相互竞争的经办机构时更为突出。为此，政府一方面要求经办机构不得拒绝任何参保人，另一方面建立了风险调整机制，对承保高风险参保人的保险机构进行补偿。同时实行统一费率，即便允许经办机构自由设定保费，在一个区域内(往往以行政区划为单位)对所有参保人也要执行统一费率，特别明确缴费不得与年龄、性别、健康状况等因素挂钩，防止价格歧视。患者隐私保护是参保者权益保护的另一个重点，大多数国家都建立了比较完备的法律体系。例如美国《健康保险携带与责任法案》

专门制定了规则，明确隐私信息的使用范围，确保患者的隐私信息不受侵害。

第三，经办模式的选择受到政策环境与发展水平的制约。一般而言，采用承办模式、由保险公司承担风险的国家，保险市场往往比较发达，保险公司在精算技术、费用控制、管理服务等方面有成熟经验，同时政府的监管体系也比较完善，能够防范系统性风险的出现，切实保障参保人权益。同时存在多家相互竞争的经办机构的国家，需要政府进行风险调整，这是一项技术难度较高的工作。即便是引入风险调整已有20多年时间的德国和荷兰，相关技术手段仍不完备，政府有时不得不为保险机构承担部分风险。

第四，社会保险与商业保险可以实现互促共进。建立社会保险制度的国家，商业保险往往处于补充地位，但社会保险的健康发展与商业保险的成长壮大相辅相成。一方面，社会保险确立的制度体系、保险目录、支付标准、服务规范等，都能够为商业保险行业发展树立标杆。特别是社会保险覆盖人群多、可动用资源雄厚，在推动支付方式改革方面具有优势，可以引领和促进商业保险的改革。另一方面，商业保险的创新也会给社会保险发展带来借鉴。例如美国商业保险探索出的以预付制和服务垂直整合为主要特点的凯撒模式，就对奥巴马医改建立责任医疗组织产生了启发和影响。

三、完善我国医保经办体系的政策建议

有人认为，我国基本医保管理的质量和效率还不够高，一个重要原因是，医保经办的科学化、精细化水平不足；但事实上，高质量高效率的基本医保首先要以科学完备的制度体系为支撑。我们既在筹资、管理、支付等基本制度方面存在“缺项”，又在社保精算、卫生经济学评估等技术手段的有效运用方面存在“短

板”。新一轮机构改革明确组建国家医疗保障局，就是要理顺医保管理体制，强化医保政策、规划、标准等方面的制定和实施职能，这也顺应了基本医保的发展趋势。现阶段我国医保经办体系汇集了大批医保和医疗领域的专业人才，应当转变职能，在加强基本医保制度建设中发挥更大作用。与此同时，要积极探索剥离部分经办职能，按照优化市场环境、鼓励试点先行的思路，因地制宜探索多种经办模式。

第一，进一步发挥好政府对医保经办的主导作用，推动现有经办机构职能转变。调研中我们发现，一些基层经办人员对委托保险公司等提供经办服务疑虑重重，一个重要原因是担心会被“抢饭碗”。事实上，经办机构职能转变的方向，应该是在定标准、定规则方面发挥更大作用。当前亟待开展的几项工作：一是构建医保数据标准体系，通过激励约束手段强制医疗机构等使用，促进医保信息互联互通。二是为建立社会保险精算制度提供支撑，对筹资、支付、结余等进行系统的精算分析，特别是围绕老龄化加速和城乡居民医保制度整合两大重点，做好制度模拟和趋势研判。三是系统整理并有效挖掘历史数据，做好全面推开按病种付费、实施 DRGs 付费的测算分析。四是研究确定我国医保的“基本医疗服务包”，完善目录内药品和技术的动态调整机制。五是研究符合我国国情的医保风险调剂因子，为下一步探索建立不同区域和人群的风险平衡机制奠定基础。总之，只有做细基础数据、做深基础研究、做实基础制度，在推动支付方式、谈判机制、费用控制等方面的改革时，才能起到事半功倍的效果。

第二，充分调动市场积极性，鼓励因地制宜探索经办模式。目前，各级政府经办机构承担了大量“劳动密集型”业务，如费用稽核、报销等，完全可以剥离出去，立足各地实际情况，探索多种经办模式。比如可以对现有经办机构进行法人化改制、成为非营利性机构；也可以委托商业保险公司对基本医保和大病保险实行一体化经办，更好发挥控费作用；有条件的地方还可以探索多家经办机构的竞争模式。现在，我国商业医保刚刚起步，让商业医保在参与社保经办中“成长”，对于建立多层次医疗保险体系也有重要作用。政府要制定好标准规范，营造经办机构公平竞争的市场环境。比如完善招标办法，防止出现以极低价中标抢占市场份额的不正当竞争行为；又如要科学设计委托经办合同内容，确定经办服务规范，加强监管，切实保障参保人权益；再如要健全绩效评价体系和激励机制，引导商业保险公司等经办机构规范运行、健康发展；还如建立争议仲裁机制，依法调处经办机构和医疗机构、医生、药品供给方、参保人之间的纠纷。

第三，积极推动医疗保险专项立法工作。由于医疗保险有别于养老、工伤等社会保险的特殊性，大多数国家都对医疗保险单独立法。目前，我国《社会保险法》对基本医疗保险作出了原则规定。建议在此基础上，制定基本医疗保险条例，建立基本医疗保险的筹资、经办、支付、管理监督等制度，确定政府部门、经办机构、医疗机构、参保人员的权利和义务，对经办机构定位和职能在法律层面予以明确，确保城乡居民公平享有基本医疗保险权益。

四、提升养老服务质量

当前机构养老服务发展中的五大矛盾亟待解决

乔尚奎　成海军

机构养老是我国社会养老服务体系建设的重要组成部分，主要为老年人提供集中居住、生活照料、健康管理、康复护理和临终关怀等综合性服务。近年来，随着我国人口老龄化进程加快，社会对机构养老服务的需求较快增加，与此同时，机构养老在快速发展中也出现了一些不容忽视的问题和矛盾，主要有以下几个方面。

第一，“一床难求”和“床位空置”矛盾并存。“一床难求”主要出现在设施完好、服务规范、收费低廉的公办养老机构，大城市和东部地区供需矛盾尤其突出。前几年媒体热炒的北京一家公办养老院排队入住的老人要等待 100 年，虽是个别极端现象，但反映了这一问题的社会关注程度。而社会办养老机构和农村敬老院普遍出现“吃不饱”现象。目前全国养老服务机构和设施有 14 万个，床位 730 万张，每千名老年人拥有床位 31.6 张，但床位空置率为 48%，北京市的入住率也仅为 44.4%，特别是中西部和农村地区更为突出。这主要是由于大城市核心区的土地供应满足不了养老需求，一些民办养老服务机构又盲目效仿欧美国家，在远离老年人长期居住地的远郊区和乡村新建养老机构，位置偏、路途远，没有充分考虑老人的现实需求与消费习惯，导致大量床位空置。

我们认为，应把握我国养老市场的缺口，有针对性地增加机构养老服务供给。首先，公办养老机构要体现“保基本”的定位，重点保障“三无对象”“特困人群”，特别是失能、高龄、空巢、低保、低收入老年群体入住，这也是政府“兜底线”的责任。明确了这个定位，就不应让中高收入以上的群体来过多挤占公办养老机构资源。这也就同公众普遍认为的不能开着宝马去申请廉租房是一个道理。再就是，公办养老机构既然定位是保基本，就应以满足基本养老需求为主，而不应标准条件太高，甚至设施配置有些豪华。这样做也就不会出现要排队等100年住公办养老院的极端现象了。其次，要优化床位结构。对民办或公建民营养老机构新增床位、远郊区和农村敬老院的“闲置床位”进行整合改造，增加护理型、照料型和临终关怀床位，发展医养结合、康养结合型床位，突出机构养老服务的多功能和专业化特色，不能盲目追求床位数量。再次，要优化机构合理布局，重点发展社区“嵌入式”机构。通过部分用地转型、工业厂房改造，或整合配套设施，提供社区养老场所，让老人“离家不离区”，既享有熟悉的家庭环境和人际关系，又获得良好的社区服务资源。

第二，服务供给能力弱与老人需求多样化的矛盾。目前多数养老机构仅能满足老人吃住、照料、安全、精神慰藉等基本生活需求，但缺乏衍生性服务，难以满足老人多元化、个性化服务需求，如智能信息、专业护理、康复训练、医养结合、心理辅导等项目提供不足30%。服务人员能力不足也是“短板”。目前养老服务队伍以“4050”人员为主，职业技能普遍缺乏，专业医护人员、营养师、康复师、社会工作师、心理咨询师等高技能人才和管理人才紧缺，难以提供高质量服务。

我们认为，发展机构养老，应采取多种方式重点增加服务供给，提升服务质量，满足老人不断增长的多样化需求。一要转变补贴方式。把“补人头”的经费直接补给国家供养的对象，让老人自由选择机构和服务，倒逼机构增加服务项目、提高服务质量，而不是依靠政府补贴过日子。二要增加专业人员，提升服务能力。当前应根据老人服务需求，重点配置和增加医生、护士、心理咨询师、社会工作者、康复训练师等专业人才。三要培育服务专业化连锁品牌。通过实行“公建民营”“公办民营”改革，由专业服务运营商接手，将原来分散的社会养老资源整合起来，采用设施统一化、管理标准化、监护特色化的连锁运营模式，有效配置人才，降低成本，提高服务能力。目前，北京、上海、深圳等部分大城市已通过连锁运营形成一些养老服务品牌，北京朝阳区的连锁化运营已经达到50%以上。

第三，机构运营成本高与老人支付能力低的矛盾。以北京市为例，2017年能够盈利的机构仅占3.3%，稍微盈利的占13%，收支持平的占32.6%，亏损的占33.7%。民办机构用降价换入住率的方式普遍存在，高端养老机构短时间难以摆脱高投入带来的运营压力。虽然政府对机构养老服务实施了运营补贴，但每人每月300—500元的补贴，不足以弥补机构运营的高成本。由于运营成本高，多数机构床位费、伙食费、护理费收费较高。调查显示，北京市民非养老机构2017年三项费用分别为：自理老人2727元/月，半自理老人3196元/月，失能老人3926元/月。入院押金为人均8000元。而2016年北京市企业退休人员养老金为月均3575元。这就形成了一方面机构反映在赔钱运营，另一方面老人也在呼吁价格高、住不起的局面。

我们认为，应针对养老服务的高投入、低效益、慢回报特点，完善政策，构建多渠道筹资机制，降低成本，提高补贴，让老人住得起机构、养得起老。一要切实降低土地和管理成本。目前，多数养老机构运营商前期取得土地花费成本较高，短期内无法收回；加上人力和管理成本等不断增高，反映在价格上就是床位涨价。国家应对养老用地采取优惠政策，采取措施使床位价格降下来。二要加快构建长期护理保险制度，解决老年人的支付问题。受制度和老人支付能力的局限，我国老年人对机构养老的服务需求还不是“有效需求”，而是“被压抑的需求”。目前，除特殊福利保障对象外，大多数老年人要自己出钱，通过市场购买养老服务，这与发达国家养老服务支付机制有较大差异。如美国约 35% 的老年人可依靠医疗保险计划（Medicare）和医疗救助计划（Mediaid）支付入住机构费用；日本通过介护保险制度解决了老人长期照料费用。我国应通过建立长期护理保险制度，分担老年人购买机构养老服务风险，降低个人支付比例。三要完善相关保障和补贴制度。加大医保政策对“医养结合”的支持，完善政府购买服务制度和养老补贴制度；对失能、失智、失独老人，采取分类施补措施；鼓励社会力量、慈善资金、财政资金对老年人购买机构养老服务的支持；建立特殊困难老年人养老扶持基金，提升老年人的支付能力。

第四，民办机构发展快与监管难的矛盾。最近 5 年，全国养老机构以年均 20% 的速度增长。机构和床位一半以上是民间资本举办的。北京市 550 家机构、12 万张床位中，民办机构达 330 家、床位 7 万张，民办机构发展速度和规模都超过了公办机构。民办机构在快速发展的同时，也存在不少风险隐患。一是“无证运营”

现象突出，有的机构达不到要求就匆匆开业运营。二是经营行为不规范，服务质量不佳。由于监管不到位，一些地方出现了严重安全质量问题。不少民办养老机构条件简陋、空间狭小，人员素质低，欺老虐老事件时有发生，有的甚至出现捆绑打骂老人等严重事件，造成恶劣的社会影响。

我们认为，应坚持放管结合并重，在支持民办养老机构发展、放宽其市场准入的同时，应着力抓好事中事后监管，加快实现所有养老机构监管全覆盖。一要加快提高机构养老专业化、标准化、法治化水平。对从业机构条件、人员素质和服务质量等都要严格设定标准，全面进行规范。二要运用互联网、大数据等现代化手段加强监管，全过程留痕，提高监管效能。同时，通过信息公示，将养老机构各项制度、管理、服务过程和质量进行公开，接受老人亲属、社会和媒体监督。三要加大对违法违规经营行为的查处力度。引入“双随机、一公开”监管模式，常规监管和随机抽查并用，及时发现问题隐患，严肃责令整改。对欺诈虐待老年人等违法违规行为要依法严厉惩处。

第五，促进机构规范发展与存在制度障碍、享受政策不平衡的矛盾。一是设立许可障碍。《养老机构设立许可办法》规定，设立养老机构需取得卫生防疫、环境保护、公安消防等部门出具的审核、验收意见或报告。但很多已建机构因为土地规划、建筑设计、租赁改造等历史遗留问题，实际用途与最初规划性质不符，难以取得相关部门的审核和验收意见，无法获得合法的许可资质。二是连锁经营障碍。不少养老机构面临“营利”或“非营利”的两难选择。如选择“非营利”身份，按照《民办非企业单位登记管理暂行条例》规定，仅能在登记地范围内设置分支机构，不能在其他地方连锁经营；如果选择工商登记，则影响其获得相关政策补贴支持，如土地优惠、运营补贴、税费减免、水电气暖优惠、建筑或设施减免费、职业培训鉴定补贴等，主要给了民办非企业养老机构，而工商登记的养老机构则得不到有效支持。

我们认为，针对养老机构发展存在的制度政策障碍，一要全面梳理并科学调整养老机构设立所依据的标准规范，进一步完善相关标准和流程，在确保安全质量的前提下，稳妥灵活处理历史遗留问题，适当放宽许可限制和其他非必要条件。二要调整相关政策规定，方便养老机构自主选择法人登记。办理工商登记的，按照《国民经济行业分类》"老年人、残疾人养护服务"核定行业；开展连锁经营的，可在同一行政区域内通过绿色通道集中办理登记注册；在民政部门登记为社会服务机构的，可以尝试"一址多点"，在登记机关管辖范围内设立多个不具备法人资格的服务网点，实行"连锁经营"。三要加大政策支持力度，鼓励社会力量增加养老服务公共投入。如在土地供给上予以优惠，适当减免所得税和增值税，落实一次性建设补助和运营补贴；全面实行养老机构综合责任保险补贴，有效降低养老机构责任风险；探索试行 3—5 年之内给予营利性养老机构非营利待遇等。加大购买服务支持力度，政府为失能、失独老人购买床位和护理服务。四要加快制定和完善养老服务法律法规，将机构养老服务设施的规划与建设，机构养老服务组织的设立、变更和终止，政策扶持与优惠，机构养老服务规范，质量安全监管等内容一并纳入，为促进机构养老服务持续健康发展提供保障。

探索改革非营利性管理体制
在公平竞争中更好促进民办养老机构发展

牛发亮

养老服务业作为涉及亿万群众福祉的民生事业，加快发展既能增加有效投资，又能促进消费，是扩大内需的重要抓手。近年来，为引导和支持社会力量提供多层次多样化养老服务，国家相继出台了《关于加快发展养老服务业的若干意见》《关于鼓励民间资本参与养老服务业发展的实施意见》《关于全面放开养老服务市场提升养老服务质量的若干意见》等一系列政策举措，带动民办养老机构快速发展，有效弥补了养老服务供给不足等问题。但当前我国民办养老机构总体规模依然较小，民间资本参与积极性尚未充分调动。我们研究认为，要加快探索改革现行非营利性管理体制，通过保障公平竞争调动民间资本参与热情，同时坚持简许可、优政策、育人才、转理念"多轮驱动"，更好助力民办养老机构发展，更大释放养老服务需求。

一、当前民办养老机构发展缓慢的主要原因

调研发现，制约民办养老机构发展的原因突出表现为"五难"。

（一）现行多重管理体制导致公平竞争“难”。我国养老机构按照投资主体不同分为公办和民办性质，而民办机构又分为营利性和非营利性两类。根据现行政策，民办养老机构准入时如果选择营利性，收费价格由经营者自主确定，但税费优惠程度低，建设运营财政补贴难以拿到，尤其是用地不能享受划拨用地，而要实行招拍挂制度。如果选择非营利性，虽然可享受与公办机构相当的扶持政策，但投资人不享受任何财产权利，收费价格不能完全自主确定，盈利只能用于机构发展而不能分红，资本退出受到诸多限制，这就令市场上规模较大、实力雄厚但承担投资回报、资产增值职责的投资者望而却步，中小投资者又迫于资金回笼压力、追求短期收益而缺乏动力。实际上，民办非营利性养老机构作为传统社会福利机构的拓展，是养老服务市场化改革不彻底的产物，这种“双轨制”运行模式使民办养老机构营利和公益属性相互交织，加上有些公办养老机构设施配置超过“保基本、兜底线”标准，收费又相对较低，给养老服务市场带来诸多不公平竞争，削弱了民间资本进入养老服务业的热情。如果民间资本举办营利性养老机构，日益高企的用地成本和房地产税费使得项目盈利非常困难，最后要么定位豪华高收费型，要么重套现快的养老地产、轻专业配套的养老服务。当前，很多城市出现公办养老机构“一床难求”与民办养老机构“床位空置”并存的矛盾，主要与此相关。

（二）设立许可繁杂导致建成运营“难”。调研中大家反映，随着近年来“放管服”改革持续推进，尤其是最近国务院专门明确取消养老机构设立许可，目前民间资本进入养老服务领域已经没有障碍，但真正建成并运营一家养老机构仍面临诸多困难。按照现行《养老机构设立许可办法》等规定，申请设立养老机构需获得规划、建设、国土、民政、卫生防疫、环境保护、公安消防等多个部门的行政许可或审查意见。实际上，多数民办养老机构投资规模小、综合实力弱，不少是利用旧房改造、因陋就简建设的，要办完这些手续往往力不从心，挫伤了投资者的积极性。有些机构因租用场地改变用途或设施装修需要重新进行消防验收，而根据消防有关条例，规划用途不一致不予受理，造成不少民办养老机构无证经营的局面。据中部某省反映，目前全省建成运营的 1130 家民办养老机构中，462 家未能取得消防许可证。另外，调研发现，部分许可审批互为前置，执行陷入“死循环”。比如，非营利性养老机构在申请划拨用地时必须为民办非企业单位身份，而民政部门在办理民办非企业单位登记证时又将场所作为审批前置条件之一。

（三）扶持政策落实不到位导致发展盈利“难”。养老服务业属于微利行业。近年来，国家为鼓励民间资本进入养老服务领域，在用地、财税、金融等方面出台了许多含金量高的扶持政策，但调研中大家反映，政策落实“最后一公里”问题依然突出，民办养老机构盈利普遍困难。据有关统计，当前，我国民办养老机构一半以上收支勉强持平，40% 左右长期处于亏损状态，能盈利的不足 9%。比如，中部某市一家从事养老服务 20 年的民办机构反映，目前中心城区房价均价超过万元，一个养老床位平均占地 15 平方米左右，无论是自建还是租用场地，都需要很大投入，这种情况下收费低了入不敷出，收费高了又缺乏竞争力，造成机构反映赔钱运营和群众呼吁价格高、住不起的矛盾局面。又比如，中部另一城市某民办非营利性养老机构反映，企业在并购一家老年公寓时拟进行贷款融资，虽然有价值 5000 万元的固定资产和 3000 万元 / 年的营业收入，但由于资产不能抵押，加上利润空间有限，找了多家银行也未能获得贷款，最后只好采取民间借贷方式融资，大大增加了投入成本，降低了盈利空间。

（四）专业化人力人才短缺导致用人“难”。随着人们对美好生活需要的不断升级，养老功能已经由传统的兜底保障向综合服务转变，老年人不仅要求满足吃住、照料、安全等基本生活需求，还渴望有智能信息、医养结合、精神慰藉、专业护理、康复训练等多元化、个性化服务，这就对服务和护理人员素质提出了更高要求。但当前我国开设涉老专业的高等、职业院校相对较少，专业化健康养老管理人才、运营人才和技术人才供给严重不足。加上人们对养老服务认识转变不到位，护理工作缺乏社会认可，没有职业荣誉感，而且劳动强度大、护理压力大、风险点较多，年轻人普遍不愿意干，大部分护理人员为“4050”人员，没有接受过良好教育，职业技能普遍缺乏。比如，中部某市的一家民办养老机构反映，其从一家公办机构改制而成，前期通过加大投入对基础设施进行升级改造，大大改善了原有场地环境，但在招聘专业医护人员、营养师、康复师、心理咨询师等高技能人才时遇到很大困难，导致个性化服务跟不上，市场吸引力不强，严重制约了机构发展。

（五）传统养老观念约束导致需求释放“难”。孝老敬亲是中华民族传统美德，人们对经济社会快速转型下进入机构养老仍然存在传统认知上的影响。调研中大家反映，在一些老人观念里，养老机构人为割裂了他们的社会关系网络，使他们处于一种更为孤独的境地，现在入住养老机构的很多都是失能半失能老人，大部分老年人在身体健康、有家人陪伴的情况下不愿意入住养老机构。据有关对老年人的调查问卷反映，70 岁以内只要能自理均不愿住养老机构，75 岁以上半失能或失能且没有家人照顾的动机相对强烈。对子女来讲，出于孝老敬老考虑，大部分不希望老人晚年在养老机构度过，尤其是“考虑周围人看法”的舆论压力较大，担心送老人去养老机构会让亲朋好友产生遗弃老人的感觉。调研中某机构负责人介绍，曾有一名84岁的丧偶老人，四个子女均不在身边生活，老人到养老机构后感觉还不错，但子女们很快就感受到心理上的压力，最后不到两个月就又重新找保姆将老人接回家居住，实际上不仅找保姆的成本相对较高，生活质量也远低于养老机构水平。

二、加快民办养老机构发展和释放养老服务需求的政策建议

为吸引民间资本进入养老服务业，进一步扩大和升级养老服务供给，更好应对人口老龄化，更大释放养老服务需求，现提出如下建议：

（一）改体制，解决好民办养老机构公平竞争问题。养老服务与教育、医疗行业不同，对于绝大多数人来说都是一种非刚需产品，攀比等心理因素对需求侧影响相对较小。所以，随着老龄化社会的到来，政府兜底保障下的市场化转型是养老机构发展大势。以美国为例，目前养老服务大部分是私人提供，政府直接投资建设的只占机构总数的7%，基本上是面对低收入群体的低端保障型。建议进一步明晰政府与市场的责任，政府坚持“保基本、兜底线”，着力保障好无生活来源、无劳动能力、无赡养人的“三无对象”以及空巢、低保、低收入等“特困人群”。对民办非营利性养老机构探索进行分类改革，对那些真正以慈善和公益为目的投资建设的，比照公办机构运行模式或纳入公办机构管理，同时严格审核把关、防止逐利套利；其他民间资本投资建设的，统一改为营利性，统一各项扶持政策，保障市场充分公平竞争。对

于存量民办非营利性养老机构，支持地方在统筹好政府和社会资本前期投入收益分配的基础上，采取合理方式进行改制，涉及划拨建设用地的，允许补缴土地出让金（租金），办理协议出让或租赁手续。

（二）简许可，解决好民办养老机构落地慢等问题。制约民办养老机构发展的一个突出问题在于消防、卫生、建筑、环保等相关许可事项办理困难。建议持续深化“放管服”改革，尽快修订完善养老机构设立许可管理办法，切实做到关联许可能取消的一律取消，确需保留的实行“一门受理、一并办理、一站式服务”，进一步提高办理效率。对社会反映突出的消防许可事项，建议根据建筑年代、建筑面积、投资规模、楼层高度等，分类办理消防设计审核、消防验收或备案等手续，防止政策“一刀切”制约民间投资热情。另外，考虑到养老服务事关民生福祉，建议在放权的同时加强事中事后监管。比如，建立服务监测评价体系，将评价结果作为财政资金、融资、用地、人才培养等支持依据；建立违法失信黑名单制度和惩戒机制，严厉打击损害老人权益行为。

（三）优政策，解决好民办养老机构能发展问题。养老机构盈利空间十分有限，前期没有一定的政策扶持很难发展壮大。建议在落实好国家一系列既定政策的基础上，进一步加大对民办养老机构的金融、财税、用地、用工等扶持。比如，金融方面，对于养老机构利用有偿取得的土地使用权、产权明晰的房产等，办理抵押贷款给予优先保障和支持，满足融资需求。财税方面，统一加大对民办养老机构财政运营补贴的扶持，免征城市基础设施配套费、水利建设基金等。用地方面，推动各地拿出专门土地用于发展养老服务业，探索实行土地招拍挂时仅面向养老机构举办者，并合理设定出让封顶价，防止房地产企业变相进入抬高地价。

（四）育人才，解决好民办养老机构用人难问题。我国养老服务专业技能人员不仅数量短缺，素质也需要大幅提升，必须多措并举，大批量多层次培养各类人才。建议突出补上“三个短板”：一是教育短板，强化教育培养和职业培训，引导大专院校等设立老年护理管理、康复等专业，培养养老服务管理、医疗保健、护理康复、营养调配、心理咨询等养老服务专业人才。二是待遇短板，运用福利彩票公益金等，探索建立养老服务就业和岗位补贴制度，可根据技能水平、就业年限等对就业人员给予不同程度补贴，提高他们的待遇水平，增强岗位吸引力。三是职业荣誉短板，科学设定和划分养老从业人员职业等级，并打通上升通道，提升全社会对他们的认同和尊重，增强他们的职业荣誉感。

（五）转理念，解决好养老服务需求释放不畅问题。截至2017年底，我国60岁以上老年人口已超过2.4亿，占总人口的17.3%。据有关方面预测，我国养老产业规模将从现在的3万亿元增长到2050年的22万亿元左右，年均增长11%以上。随着新型城镇化加速推进，机构养老将成为居家养老的重要补充。要把这一庞大市场需求充分释放出来，关键要在供需两端加快传统理念转变。一方面，在供给端推动传统满足吃住基本需求的兜底保障型服务向康复医疗、医养结合、健康管理、精神慰藉、文化娱乐等多元化服务转变，以精心贴心服务提高老年人晚年生活质量，增强机构吸引力。另一方面，在需求端推动传统养老观念转变，在全社会树立到机构养老也是孝老敬亲一种方式的理念，真正让子女放下心理包袱、让老人根据需求自主选择。

五、统筹解决其他民生难题

加快健全“逝有所葬”的保障制度

——当前我国殡葬服务和管理存在的问题及建议

乔尚奎　成海军

生老病死兼皆民生。殡葬作为人生的“最后一站”，也是重要的民生需求。近年来，随着我国人口老龄化加快，殡葬服务需求不断增加，而制度不够健全、服务供给不足、资源发展不平衡等问题凸显，已成为民生事业的“短板”，亟待加强补齐。

一、殡葬作为重要的民生保障和公共服务有了较大发展

我国传统殡葬讲究“入土为安”，且有“隆丧厚葬”的习俗。新中国成立后，党和政府开始建立新的殡葬制度和政策，对城镇职工丧葬待遇作出了一些初步规定，通过社会福利制度，对城市孤老残幼“三无”对象实行“兜底线”殡葬保障；对农村鳏寡孤独居民，实行保吃、保穿、保住、保医、保葬的“五保”制度。改革开放以来，殡葬逐步由单一火化服务向多元化服务发展，近年来又制定推广了一批国家或行业标准，规范技术要求，提升专业化、人文化水平。各地相继建立了一批殡仪馆、公墓、骨灰堂、

殡仪服务站等公共服务设施，服务网络初步形成。建立了殡葬救助保障机制，以减免基本殡葬服务费用为主要内容的惠民殡葬政策已基本覆盖低收入群众。2013 年 12 月，中办国办印发《关于党员干部带头推动殡葬改革的意见》，要求党员干部带头火葬，采取骨灰存放、树葬、花葬、草坪葬等节地生态葬法，积极参与骨灰撒散、海葬或者深埋、不留坟头，带头推动殡葬改革。目前，全国有殡仪馆 1775 个，公墓 1386 个，殡葬管理单位 1005 个，从业人员 8.1 万人，在提供殡葬服务、满足群众殡葬需求、集中文明治丧、维护群众殡葬权益等方面发挥了基础保障作用。随着我国人口老龄化程度加深，对殡葬服务需求逐步增大。

二、当前殡葬服务和管理存在的问题

当前我国殡葬服务仍滞后于经济社会发展和群众需要，管理亟待加强。主要表现在以下方面。

（一）基本殡葬服务制度不健全。各地殡葬救助普遍存在覆盖范围窄、惠民项目少、减免标准低等问题。城乡区域、不同群体间殡葬救助保障水平差距大。群众基本安葬需求缺乏保障，乱埋滥葬占用耕地现象普遍。因公益性公墓严重不足，经营性公墓量少价高，群众基本安葬需求无法得到应有保障，加之受传统习俗影响，在广大农村地区将遗体火化后的骨灰再次装棺安葬在田间地头的现象相当普遍，骨灰散埋乱葬占用了大量耕地资源，影响了农业机械化耕作。

（二）殡葬公共设施和服务供给不足。随着城镇化进程加速，遗体火化急剧扩大，现有殡仪馆规模小、服务能力弱等问题凸显。约 66%的火化设备于 20 世纪八九十年代配置，科技含量低、能耗高、污染排放超标，严重影响周围人居环境。墓地资源匮乏，公益性墓地约 23 万个，分布在三分之一的行政村，绝大多数是历史形成的集中埋葬点，属无资金投入、无配套设施、无人看管的“三无墓葬”。农村开始违规销售公益性墓地，特别是城市周边隐蔽销售的“小产权墓”已呈蔓延趋势。目前，全国经营性公墓 1386 个，墓穴总数 1061.9 万个，已安葬穴位占 62.8%。供需矛盾导致墓位价格逐年攀升，东部沿海一些地方甚至出现了“天价墓地”，每平米售价达六七万元，有的高价墓地自称“地下 CBD”“人生后花园”等，“葬不起”日益成为社会焦点。

（三）殡葬用品和服务价格高、市场秩序乱。20 世纪 90 年代后，允许社会和个人投资殡葬设施，殡葬业开始走向市场化，促进了殡葬服务业快速发展，同时也带来一些问题。一是丧葬用品和服务收费高。延伸性服务与基本服务捆绑收费，告别厅、制作挽联、花篮等混合捆绑，只要丧户没说不选用，就会“被服务”；有的殡仪馆运尸推出“凯迪拉克”高档服务，有的产生“天价停尸费”。二是服务市场混乱。一些医院太平间对外承包，遗体存放有的要花几万元；一些殡仪馆急于收回投资，通过经营性公墓“以墓养馆”；“黑中介”借机敛财，利用丧属被动无助心理强行“一条龙服务”。不少地方出现中介在医院等死人的现象，医院刚宣布病人死亡，他们马上过来嘘寒问暖，推荐利润高、提成大的产品，有的甚至从殡仪馆前移到 ICU 病房、交通事故大队和急救中心，严重影响殡葬市场秩序。

（四）殡葬立法滞后，执法依据不足。目前实体法中没有殡葬的相关规定，仅有 1997 年颁布的《殡葬管理条例》，公民殡葬行为、机构和社会殡葬服务等缺乏更高层级的法律规范和执法管理法律依据。社会和个人投资进入殡葬业后，殡葬行业结构和性质发生了变化，但《殡葬管理条例》对此没有规定，与行政许可法、行政处罚法等法律不衔接、不协调的问题突出。根据《行政强制法》规定，2012 年起停止民政部门对违规土葬、乱埋乱葬行为直接强制执行后，法规没有及时跟进，新的监管机制尚未确立，对殡葬违法行为的联合执法在许多地方形同虚设，行政执法难度加大。

三、政策建议

针对存在的突出问题，应充分发挥政府、市场和社会三方面作用，进一步健全完善制度，加强基本殡葬保障，加强殡葬服务供给和服务监管，规范殡葬服务市场，使每一位社会成员身后事得到有效保障和妥善安置。

第一，加快健全基本殡葬服务制度。将殡葬作为基本公共服务的重要内容纳入政府保障，是世界各国的普遍做法。我国应从基本国情出发，将殡仪馆、公益性公墓等设施建设纳入经济社会发展规划、土地总体利用规划和城乡发展规划，科学确定火化设施、公益性墓地建设规模及基本用地，保障群众“逝有所葬”的基本服务需求。同时，有效整合财力资源，把殡葬服务纳入公共财政投入范围，确保公共财政能力与基本殡葬服务供给水平相匹配，并建立中央与地方财政分摊机制，加大对财力薄弱地区的财政转移支付规模和力度，为全体社会成员提供基本殡葬服务保障。

第二，多渠道增加殡葬服务供给。放开殡葬服务市场，鼓励民间资本以出资建设、参与改制、参与运营管理等多种形式投资殡葬服务业。坚持公共利益优先原则，促进民间资本与公办殡葬服务机构合作，增加和改善基本殡葬服务供给，满足群众多样化需求。当前，应着力填补殡葬公共服务设施空白，增加火化设施和公益性安葬设施，更新改造落后火化设备，形成规划布局合理、设施设备完善、服务功能齐全的殡葬公共服务网络。同时，深化殡葬服务体制机制改革，着力提高现有殡葬机构和设施服务保障能力，保障群众基本殡葬服务需求。

*第三，切实加强殡葬服务市场监管。*重点加强对殡葬安全、服务、销售等方面的监管。在服务场所显著位置公示服务项目、收费标准、文件依据、减免政策、举报电话、服务流程和服务规范等内容；通过网络、手机等现代信息手段，公示机构名录、审批、年检、日常抽查、执业情况通报等，广泛接受社会监督。实施“双随机、一公开”，加强对殡葬用品市场、社会殡仪服务机构、殡葬服务中介机构的监管，严禁诱导、捆绑、强制消费，对违法经营损害群众利益的行为进行坚决打击。

*第四，积极推进殡葬法治建设。*国外现代殡葬管理和服务大多依托于完善的法律法规，如英国《苏格兰火葬法》、俄罗斯《联邦殡葬法》、瑞典《安葬法》、荷兰《遗体殡葬法》等，都是约束力较强的专门法律。我国应加快制定殡葬法，规范公民殡葬行为、维护社会殡葬秩序、保障殡葬活动当事人合法权益，明确殡葬服务机构经营资质和规则、殡葬设施建设及设备配置标准、从业人员职业资格和规范，以及殡葬执法主体和对违法行为的监督处罚措施等，促进殡葬服务在法治化轨道上健康发展。

统筹推进我国清洁供暖调峰能力建设
建立健全地热和天然气“双保险”调峰机制

李俊　水名岳

2017 年 11 月后，我国部分地区一度发生天然气“气荒”，出现供暖气源严重不足的问题。有关方面通过压非保民、扩大进口、错峰用气等应急措施，加强了对群众温暖过冬的保障。这次天然气供不应求，也反映了加快清洁供暖调峰能力建设的重要性和紧迫性。建议在完善天然气供暖调峰能力的同时，加快发展地热供暖调峰替代，建立“双保险”的调峰机制，进一步补齐民生领域短板，防范和化解冬季供暖不足风险。

一、当前我国天然气供暖调峰能力严重不足

近年来，我国天然气供需矛盾总体上比较突出，天然气储备调峰体系存在短板，建立健全保障天然气稳定供应机制也尚需时日，保障群众温暖过冬面临比较大的压力。

一是天然气供需缺口持续扩大。天然气作为清洁能源，在我国能源消费结构中的比重不断扩大，由 2010 年 4.0% 提高到 2016

年 6.4%，但低于世界 24% 的平均水平。天然气生产增速大幅低于消费增速。2016 年我国天然气产量增长 1.5%、消费量增长 6.6%；2017 年产量和消费量分别增长 8.5%、17%。我国天然气对外依赖程度不断上升。2016 年我国天然气缺口 687 亿立方米，进口依存度为 33.4%；2017 年缺口 876 亿立方米，进口量达到历史新高，进口依存度上升到 37.2%。

二是天然气储备调峰体系存在短板。我国天然气冬季高峰和夏季低谷需求差距悬殊，有的地区甚至达到 11 倍，调峰压力极大。根据国际天然气联盟（IGU）的研究，当天然气对外依存度达到 30%，地下储气库有效供气量占消费量比重应超过 12%。按照这一标准我国储气库需至少达到 240 亿立方米的有效供气量。当前我国天然气调峰能力与国际水平有较大差距。2016 年我国已建成地下储气库有效供气量 64 亿立方米，约相当于高峰期 8 天的消费量，占全年消费量的 3.1%，低于 10% 的世界平均水平和韩国 16%、北美 37%、欧盟 28% 的水平。

三是管网储气库互联互通存在瓶颈。我国的天然气供应区域性紧张比较突出，南北方、沿海和内陆天然气供给不平衡。国内天然气基础设施互联互通滞后，国家级天然气主干管网、储气库与省级管网存在输气瓶颈，部分关键节点不具备双向、多向输气能力，地区之间很难相互调剂余缺，各地已建成储气库的现有储备不能充分发挥调峰作用。同时，我国天然气管网基础设施普及率有待提高，全国尚有 20% 的地级市、30% 的县没有接通管道气。另外，当前民用气价格和工业用气价格实行“双轨制”，冬季出现“气荒”时候市场价格涨幅大，企业受利润影响没有足够动力低价保障民生供气。

二、地热供暖具有天然调峰巨量优势

地热是一种可再生的清洁能源，不受季节、气候等自然条件限制，能稳定供应。我国地热资源储量巨大，尤其在天然气缺口较大的北方地区，地热资源相对丰富，部分地区已成功开展地热供暖实践。发展地热供暖调峰，不仅有助于促进大气污染治理，也有助于弥补天然气供暖调峰能力不足。

一是我国有巨量地热资源可供供暖调峰。据国土资源部 2015 年调查，我国 336 个地级以上城市浅层地热能年可开采量折合 7 亿吨标准煤，可实现供暖面积 320 亿平方米；水热型地热资源折合 1.25 万亿吨标准煤，年可开采量折合 19 亿吨标准煤；深层干热岩折合 856 万亿吨标准煤，相当于我国 2016 年能源消费总量的 20 万倍。例如，我国北方属于天然气缺口较大的地区，而这一地区浅层地热资源非常丰富，近年来全国 80% 的浅层地热能利用集中在华北和东北南部，发展地热供暖调峰潜力很大。

二是我国推广地热供暖已有多年实践。截至 2015 年底，我国地热供暖面积合计近 5 亿平方米，其中浅层地热供暖面积 3.92 亿平方米，水热型地热供暖面积 1.02 亿平方米，地热能供暖年利用量约 2000 万吨标准煤，减少二氧化碳排放 4920 万吨。按照我国“十三五”地热产业发展的总体目标，到 2020 年地热供暖累计达到 16 亿平方米，目前只完成 31% 左右，还有较大差距，推广利用地热能空间巨大。比如，在河北省的一个县，2016 年底地热供暖已覆盖 95% 以上城区，惠及 8.9 万人，成为我国浅层地热供暖推广复制的范本。

三是地热具有天然气不具备的调峰优势。地热资源不受外部环境条件的影响，地热供暖和地热发电可以长时间稳定运行。在调峰优势上，不仅优于受环境变化影响较大的太阳能和风能，也优于传统的火力发电。利用丰富的地热能调峰，可以有效弥补国内天然气储气库、抽水蓄能电站等调峰基础设施的不足。开发利用地热调峰，绿色环保安全高效，容易被公众所接受。若地热供暖面积达到2020年16亿平方米的目标，年利用量相当于7000万吨标准煤，约相当于580亿立方米天然气的消耗量，可以减排二氧化碳1.7亿吨左右。

三、政策建议

建议统筹考虑天然气调峰和地热调峰能力建设问题，加快地热替代传统化石能源步伐，集中解决我国供暖期的天然气调峰缺口，多措并举解开工业与居民“争气”、农村“煤改气”不足等问题。

（一）建立供暖调峰“双保险”机制。加快我国清洁供暖调峰能力建设，强化天然气调峰和地热调峰协调配合，使天然气应急储气库和地热调峰站互为补充、互为应急保障。能源主管部门牵头搭建天然气调峰大数据平台，建立峰值预警机制，准确预测天然气供需和峰谷形势，科学测算天然气调峰冗余量和冗余天数，并根据冗余量超前规划建设天然气调峰和地热调峰基础设施。通过“两条腿走路”，一方面增强应急调峰能力，保障高峰期供暖的稳定平衡，另一方面加快清洁能源替代建设步伐，有利于及早实现我国碳排放国际承诺。

（二）完善天然气供暖调峰能力。严格落实储气调峰责任，对天然气生产商、进口商、销售商、用气大户实施有区别的分级储备义务。建立约束机制，对储气量达不到合同销售量一定比例的供应企业、销售企业、用气大户进行严格问责。完善储气综合调峰体系，加大原有储气库的扩容改造力度，加快推进在建和规划内输气管线和储气库建设，对高峰期天然气缺口较大的华北等地区，规划新建必要的储气调峰库。设立引导基金，给予财税、信贷等政策性优惠，鼓励沿海已建成 LNG 接收站扩大储备能力，支持具备条件的天然气销售企业、工业用气大户扩建和新建自备储气库。探索政府和社会资本合作模式等，激励外资、民营资本参与建设调峰储气库。打通国家级天然气主干管网、储气库与省级管网的输气瓶颈，促进南北天然气管网以及储气库的互联互通。

（三）加快地热供暖调峰替代。把发展大中城市地热供暖调峰作为未来主攻方向，健全地热调峰管理体制，加强地方政府对地热资源开发利用的规范监管、全过程监管。实施支持地热调峰基础设施建设政策，统筹协调地热调峰基础设施与城市集中供暖管网的连接。鼓励研究机构重点就深层地热勘探技术、干热岩开发利用技术、地热回灌技术以及地热资源综合开发利用技术等加大研究力度，促进我国地热开发利用技术水平的全面提升。

（四）完善调峰市场机制和补贴政策。按照“谁调峰、谁受益”的原则，推进建立调峰服务市场化定价机制。建立天然气调峰成本分担和违约处罚机制，对企业开展天然气调峰保障供应造成的价格倒挂损失进行补偿。在地热资源税、水资源费、用水用电价格等方面给予开展地热供暖调峰企业政策优惠，对开展地热发电的供暖调峰企业实行有区别的上网电价补贴。